삶에 지친 나에게
내가 해주고 싶은 말

서동식 지음

하께
BOOKS

산다는 건 참 쉽지 않습니다. 인생이란 시험은 너무나 어려워서 매 순간 선택의 기로에 설 때마다 포기하고 싶어지죠. '아~ 이제 그만 하고 싶다', '언제까지 이렇게 살아야 하나', '이제 정말 다 포기하고 싶다', '도망가고 싶다' 이런 생각들이 우리를 무기력하게 만들고 소중한 내 인생에서 손을 떼고 싶게 만들기도 합니다.

저 역시 마찬가지입니다. 그대의 인생이 무척이나 고단하듯 제 삶 또한 고단합니다. 저나 그대나 혹은 다른 사람들이나 모두 다 같이 고단한 인생을 살아가는 동병상련의 전우들이지요.

지난한 이 인생을 살아가는 그대들에게 어떤 말을 해주어야 위로를 받을까? 어떤 말을 해주어야 조금이라도 격려가 될까 고민하였습니다. 문득 이런 생각이 들더군요. '내가 나에게 해주고 싶은 말이 어쩌면 그대들이 듣고 싶어 하는 말이 아닐까? 나에게 위로가 되는 말이 어쩌면 그대들에게도 위로가 되지 않을까?'

그래서 오직 나에게 해주고 싶은 말을 적어 보았습니다. 있는 그대로, 정제되지 않고 투박하게, 나 자신에게 해주고 싶은 말을 적어 보았습니다. 나를 위해 쓴 이 글들이 당신에게도 위로가 되고 격려가 되기를 진심으로 바랍니다.

contents

1장

지친 마음을 위한
치즈 케이크

네 인생은 잘못되지 않았어
지금 조금 힘들다고
지금 잠시 일이 풀리지 않는다고
네 인생을 망쳤다고 생각하지 마
올바른 길에도 가시덤불은 있는 거야
올바른 길을 선택했기 때문에
지금의 어려움을 겪어야만 하는지도 몰라
아직 아무것도 정해지지 않았어
아직 아무것도 결정되지 않았어
그러니 지금은 네 인생을 믿어

겨울은 내 머리 위에 있으나
영원한 봄은 내 마음속에 있다

— 빌 게이츠

산다는 건 참 너무 어렵다
인생이 이렇게 힘든 줄 알았으면
차라리 태어나지 말 걸 그랬나도 싶어
하지만 이미 태어나버렸으니
살아있는 이상 힘들어도 열심히 살자
좋은 결과를 얻지 못해도
남들만큼 많은 것을 가지지 못해도
그래도 우리 열심히는 살자
대단한 사람이 되지 못해도
부끄럽고 게으른 사람은 되지 말자

아침에는 운명 같은 건 없다
있는 건 오로지, 새날

— 정현종의 <아침> 중에서

어렸을 때 너는 사는 게 참 단순했잖아
아무것도 아닌 과자 한 봉지만으로도 행복했었잖아
지금은 가지고 싶은 게 너무 많아져 버려서
사는 게 복잡하고 힘들어져 버렸어
우리 조금만 욕심을 줄이자
다 가지고 살 수 없으니
가지고 싶은 마음을 조금만 줄이자
욕심을 줄이면 예전처럼 작은 것에도 감사할 수 있을 거야

네 선택이 틀렸다고 해서 너무 자책하지 마
세상에 누가 항상 올바른 선택만을 하며 살겠어
틀릴 수도 있지
조금 비켜날 수도 있지
그게 뭐가 그리 큰 잘못이야?
네가 최선의 선택을 했다면
그것으로 된 거야
그러니 이제 그만 너를 용서해줘

과거는 흘러갔고 어쩔 수 없는 거야, 그렇지?
그럴 땐 바로 신경 끄고 사는 게 상책이야

— 영화 <라이온 킹> 중에서

너보다 좋은 환경에서 태어난 사람들을 보면
너보다 많은 것들을 가진 사람들을 보면
너도 마음이 아플 거야
나도 저 사람들과 같은 환경이었다면
나도 저 사람들과 같았다면
지금보다 더 행복하고
지금보다 더 많은 것을 이루고 가졌을 텐데
하는 생각을 어떻게 안 할 수 있겠어
하지만 너는 너의 인생이 있어
그저 너의 인생을 충실히 잘 살아내기만 하면 되는 거야
남들 인생 그만 보고 이제 우리 인생 살자
누가 인정해 주지 않아도
그저 한평생 건실하게 살아내면
그것만으로도 훌륭한 인생이니까

행복하기 위해 살 수 없다면,
최소한 행복할 자격을 갖추기 위해 살자

— 임마누엘 에르만 피히테

너는 초라하지 않아
네가 지금까지 얼마나 열심히 살아왔는지 생각해봐
네가 얼마나 많은 것들을 이루어내고
또 극복해 내며 살아왔는지 돌이켜 봐
너는 계속해서 네 운명을 개척하고 성장하며 여기까지 왔어
아마 다른 사람들 같았으면
벌써 자기 인생을 포기해버렸을지도 몰라
하지만 너는 그렇지 않았잖아
네가 네 인생을 포기하지 않은 것만으로도
너는 존경받을 만해
그러니 너 자신을 자랑스러워해도 돼

인생은 생각보다 길어
우리 인생이 언제 어떻게 바뀔지 아무도 몰라
그러니 아직 희망을 버릴 때가 아니야
우리 끝까지 희망을 놓지 말자
마지막 순간까지 희망을 기대하자

대추가 저절로 붉어질 리는 없다
저 안에 태풍 몇 개, 천둥 몇 개, 벼락 몇 개

— 장석주의 <대추 한 알> 중에서

괜찮아
조금 느려도
조금 서툴러도
때로는 너 자신이 바보 같아 보여도
괜찮아
너는 분명 올바른 길로 가고 있어
그러니 너도, 네 인생도 괜찮을 거야
불안해하지 마
모든 것이 다 괜찮으니까

고속도로에서도 모두 똑같은 속도로 가지 않는데
인생에서 어떻게 모두가 똑같은 속도로 갈 수 있겠어
네 앞에서 너보다 빨리 가는 차보다
네가 가야 할 길에 집중해
네가 가고자 하는 목적지만 생각해
너의 앞에 누가 있든 상관하지마
그저 너의 길만 바라봐

살아가면서 너무 늦거나 이른 건 없고
꿈을 이루는 데 제한 시간은 없다

— 영화 <벤자민 버튼의 시간은 거꾸로 간다> 중에서

외로움에 익숙해지자
누군가 옆에 있었어도 외로웠잖아
외로움에서 벗어나려 누군가를 만난다고 해도
외로움이 여전할 거라는 것을 너도 알잖아
외로움은 극복해야 할 적이 아니라
평생 함께해야 할 친구라고 생각하자
이제 외로움에 익숙해지자

사람은 혼자 나서 혼자 죽고,
혼자 가고 혼자 운다

─《무량수경》 중에서

아무도 너를 이해해 주지 않는다고 서운해하지 마
어떻게 다른 사람이 내 마음을 이해할 수 있겠어
어떻게 다른 사람이 내가 처한 상황을
나보다 더 잘 알 수 있겠어
너를 이해해 줄 사람, 이제 그만 찾아다니자
주위를 둘러봐
모두 자신을 이해해줄 사람을 찾아다니고 있어
하지만 아무도 찾지 못하고 있어
너를 가장 잘 이해해 줄 사람은 너뿐이야
네가 너를 알고, 네가 너를 이해하고 있다면 그것으로 충분해

조금만 여유를 가져봐
지금 네가 처한 상황 때문에
마음이 조급한 것을 알아
하루아침에 모든 것이 달라지는 기적이
일어나면 좋겠지
하지만 그런 기적이 쉽게 일어나지
않을 거라는 것은 너도 알잖아
지금 너의 상황이 어렵다 해서
그것이 당장 너와 네 인생을 어쩌지는 못해
혹시 불행한 일이 일어날지도 모른다는 너의 상상이
너를 더 조급하게 만들고 있을 뿐이야
하루아침에 모든 상황이 달라지지 않듯
갑자기 네 인생이 벼랑으로 떨어지지 않을 거야

그러니 걱정하지 마
조급해하지 마
다급해하지 마
불안해하지 마
다 괜찮을 거야
아무 일도 일어나지 않을 거야
내일도 모레도 괜찮을 거야
그러니 우리 조금만 느긋하게 생각하자
느긋하게 생각해도 절대 늦지 않을 거야

미래를 두려워하는 것은
현재를 낭비하는 것이다

— 존 메이슨

네가 지금까지 얼마나 열심히 살아왔는지
얼마나 애쓰고 수고하고 노력하며 살아왔는지
네가 얼마나 땀을 흘렸고
네가 얼마나 많은 눈물을 흘렸는지
누구보다 너 자신이 더 잘 알고 있잖아
네 눈물은 헛되지 않을 거야
네가 눈물을 흘리며 뿌린 노력의 씨앗들은
반드시 싹을 틔우고 열매를 맺을 거야
가을을 기다리는 마음으로
수확을 기다리는 농부처럼
조금만 더 인내하고 기다리자
분명히 너는 좋은 열매를 맺을 수 있을 거야

아름다운 장미는 가시 위에서 피고
슬픔 뒤에는 반드시 기쁨이 있다

— 윌리엄 스미스

너는 사람들에게 잘 해주려 애쓰고
그들을 배려하고 친절을 베풀었지만
그 사람들은 네 마음을 전혀 알아봐 주지도 않고
그저 너를 쉽게만 생각하니 속상하지
너는 그러고 싶지 않은데
세상이, 사람들이
자꾸 너를 더 억세고 독한 사람으로 만드는 것 같을 거야
그럼에도 우리 변하지 말자
그들 때문에 너의 본래 모습을 잃어버린다면
그건 그 사람들에게 지는 거야
우리 세상에 지지 말자
우리 사람들에게 지지 말자
우리 세상 풍파에 변하지 말자

하나도 나아지는 것 같지 않아 보이지만
정말 하나도 나아지지 않았을까?
지금 당장 힘들다고 해서
네가 지금껏 이루어 놓은 것들까지 놓쳐버려서는 안 돼
너는 분명 성장했고
이전보다 더 나은 사람이 되었어
그리고 지금도 더 나아지고 있지
아직 결과는 나오지 않았고
점점 더 과정은 좋아지고 있어
네 인생이 한심스러워 보일 때도

너는 매일매일 조금씩 앞을 향해 가고 있어
너는 한순간도 멈추지 않았어
얼마 지나지 않아 네가 원하는 곳에 도착할 거야
그때까지 지금처럼 걸어가자
계속, 매일 걸어가자

삶은 언제나 예측불허
그리하여 생(生)은 의미를 갖는다

─《아르미안의 네 딸들》중에서

네가 하고 싶은 일을 하는 게 왜 잘못이야?
너는 아무것도 잘못하지 않았어
사람들 말에 휘둘리지 마
다른 사람들 이야기에 신경 쓰지 마
너에게는 네가 원하는 삶을 살 권리가 있어
앞으로 가든
뒤로 가든
모험을 하건
안정적인 길을 가건
네가 가고 싶은 곳으로 가
다른 사람이 원하는 인생이 아니라
네가 원하는 인생을 사는 게 왜 잘못이야
그건 죄가 아니라 당연한 너의 권리야

꿈은 이루어진다
꿈을 향할 용기만 가지고 있다면

—월트 디즈니

너를 이유 없이 좋아하는 사람이 있다면
너를 이유 없이 싫어하는 사람도 있을 수 있어
세상에 너를 싫어하는 사람 하나쯤 있다고 해도
이상할 것 없어
누군가 너를 싫어하는 것이
네가 무언가를 잘못하거나
그 사람에게 실수한 게 있어서가 아니야
누군가 너를 싫어한다면
싫어하도록 내버려 둬
그 사람에게 너의 좋은 감정과 기분을 빼앗기지 마

남을 헐뜯고 있을 시간에 내 자신을 가꿔라
남을 비하한다고 해서 내가 높아지지 않는다

─《나나》 중에서

우리 더 이상 망설이며
살지 말자
평생 망설이며 살았잖아
네가 짝사랑한 그 사람 앞에서도
네가 하고 싶은 꿈 앞에서
네가 가지고 싶은 것 앞에서도
늘 망설였잖아
그렇게 망설이고 주춤거리며 살아서
남은 거라곤 후회뿐이었잖아
그러니 이제 그만 망설이자
어차피 해도 후회
안 해도 후회
어차피 후회를 남길 거라면
지금까지와는 다른 후회를 남기자

실수하며 보낸 인생은
아무것도 하지 않고 보낸 인생보다
훨씬 존경스러울 뿐 아니라 훨씬 더 유용하다

— 조지 버나드 쇼

지금 아무것도 하지 않는다면
언젠가 지금 이 순간의 나를 원망할지도 몰라
미래의 내가 지금의 나를 원망하지 않게
목표를 정하고
계획하고
행동하자

평범하게 사는 삶이 꼭 나쁘지는 않아
꼭 대단한 꿈을 이루어 내야 하는 것만은 아니야
네가 평화를 느낄 수 있는 곳이라면
바로 그곳이 천국이고 너의 꿈이지
다른 사람들이 황금으로 가득 찬
보물섬으로 뛰어간다고 해서
너까지 뛰어갈 필요는 없어
너는 네가 가고 싶은 곳으로
네 마음이 평안한 곳으로 걸어가
네 마음이 이끄는 그곳이
너의 낙원이니까

온갖 것들이 가득한 이 인생
괴로움도 많고
힘든 일들도 많지만
한 번밖에 없는 소중한 인생을
감사하게 생각하자

그래도 살아 본 것이
얼마나 우리에게 큰 축복이야
아무것도 가지지 못해도
아무것도 얻지 못해도
인생에 감사하자
살아 있다는 것
하나의 이름을 가지고
이 세상에 태어나
이 세상의 공기를 마셔 본 것만으로도
감사하자

의미 없는 고통은 없어
지금의 고통이
너를 연마하고
연마의 시간이 지나면
너는 이전과는 다른 사람이 될 거야
전보다 더 성숙한 인격을 갖춘 사람이 되겠지
지금은 알지 못해도
지금은 깨닫지 못해도
시간이 지나 지금을 돌아보면
지금의 고통이 얼마나 많이 너를 성장시켰는지 알 수 있을 거야
고통에 지지 마
이 고통, 언젠가는 반드시 지나갈 테니
그때까지 조금만 더 참고 인내하자

사는 게 쉽지 않은 건 누구에게나 마찬가지야
너만 힘들고
너만 괴롭고
너만 인생을 잘못 사는 것 같고
너만 실수하는 것으로 보여도
사람은 누구나
힘들고
괴롭고
실수하고
실패하고
후회하며 살아가고 있어
너만 그런 것 아니야
너만 바보 같고
너만 부족한 것 같다고
자책하고 힘들어하지 마
너라서가 아니라
사람이라서 그런 거니까

다 잘 될 거야
다 잘 될 거야
다 잘 될 거야

세상엔 참 오지랖 넓은 사람들이 많아
왜 이렇게 너에게 참견을 하는 건지

그들에게 그냥 신경 꺼 버려
그들은 너에게 관심이 없어
그들은 너를 걱정해 주는 듯 말하지만
정작 네가 잘되면 질투하고 짜증 낼 걸
그들은 그냥 남의 일에 참견하고 싶은 것뿐이야
그들은 남의 불행을 듣고 행복해하는 하이에나 같은 사람들이야
그들이 하는 말 따위는 그냥 쓰레기통에 던져 넣어
그냥 이상한 사람들이니까

남의 정원을 망칠 시간이 있거든
네 꽃밭에 꽃이나 피워라

―《나나》중에서

네 기도가 이루어지지 않았다고 해서 실망하지 마
너는 네 기도보다 더 좋은 것을 가지게 될 거야
너에게 무엇이 최고인지 알 수 없어
네가 원하는 것이 너에게 최고가 아닐 수도 있어
네가 원하는 것을 가지지 못한 것이
어쩌면 최고의 것을 가지라는 신의 배려일지도 몰라
우리 조금만 더 기다리고 인내하고 노력하자
분명히 최고의 선물을 얻을 수 있을 거야

네가 극복할 수 없는 고난은 오지 않아
너에게 고난이 생겼다면
너에게 어려움이 생겼다면
그건 네가 극복할 수 있는 고난이고 어려움이라는 의미야
고난과 어려움을 성장의 발판으로 사용하자
지금의 어려움을 극복하고 나면
너는 분명히 전보다 더 성장하고 발전하게 될 거야

공포를 느껴라
그리고 도전하라

—수잔 제퍼스

너 자신이 가치가 없다고 생각하지 마
네가 얼마나 많은 사람들에게 필요한 존재인지를 생각해봐
네가 세상에 존재하기에
얼마나 많은 사람들이 기뻐하는지 떠올려봐
당장 네가 없어지면
얼마나 많은 사람들이 슬퍼하겠어
성공과 돈으로 너의 가치를 측정하지 마
너는 너이기에, 너 자체만으로도 가치 있는 사람이야
너의 가치를 너 스스로 훼손시키지 마
너는 너의 생각 이상으로
가치 있는 사람이니까

꺼지지 않을 불길로 타올라라

— 루이사 시게아

처음을 두려워하지 말자
무엇이든 처음은 어려운 거야
세상에 처음부터 잘하는 사람이 어디 있어
처음의 어려움에 기죽지 마
네가 부족해서가 아니라
단지 처음 하는 거라서 어려운 것뿐이야
시간이 지나고 능숙해지면
지금의 서툰 네 모습을
너는 까맣게 잊어버릴 걸
겁먹지 말고 여유를 가지고 꾸준히 해 나가면
너는 무엇이든 잘 할 수 있어

인생이 끝날까 두려워 마라
시작조차 하지 않을 수 있음을 두려워하라

— 그레이스 한센

우리 아무리 힘들어도 꿈을 버리지 말자
지금까지 많은 실패를 했지만
그래도 우리 꿈을 포기하지 말자
지금 잠깐 멈추었다고 해서
영원히 멈추지는 말자
언젠가는 다시 꿈을 꺼내어
꿈을 바라보고 사랑할 수 있을 날이 올 거야
다시 꿈을 향해 달려갈 그 날을 위해
꿈을 버리지 말자

사람들이 너는 꿈을 이룰 수 없다고 해도
실망하지 마
그들은 너에 대해서도 네 꿈에 대해서도
아무것도 모르는 사람들이야
꿈을 이룰 사람은
다른 사람들이 아니라 바로 너야
너만 너 자신을 믿으면 돼
너만 흔들리지 않으면 돼
중요한 것은 사람들의 생각이 아니라
바로 네 생각이야

인내하자
힘들고 어렵더라도 인내하자
인내하자

끝까지 인내하자
좌절하고 실망하기보다
인내하자
인내의 시간은
반드시 너에게 보답할 거야

네가 한 실수 같은 거
이제 그만 자책해
실수는 누구나 하면서 사는 거야
실수는 그저 실수일 뿐이야
당장에라도 지우고 싶은 실수의 기억쯤은
누구나 하나쯤은 가지고 사는 거야
너만 실수하고
너만 바보 같다고 하지 마
실수하면서 살고
때로는 같은 실수조차도 반복하면서
사는 것이 인간이고 인생이니까

이제 그만 걱정해
이제 그만 근심해
이제 그만 불안해 해
너는 항상 걱정을 붙들고 살지만
네 걱정은 언제나 걱정으로만 끝난다는 것을
자주 경험했잖아

매번 걱정하느라 정작 중요한 일은
아무것도 못하고 낭패를 본 적도 있잖아
네가 걱정하는 일
네가 불안해하는 일은 일어나지 않을 거야
그러니 이제 걱정하기보다
지금 해야 할 일을 하자
중요한 것은 네가 무엇을 걱정하느냐가 아니라
지금 네가 무엇을 하고 있는가야

네가 원하는 것을 가장 잘 아는 사람은
너 자신이야
네가 바른 선택을 했는지
네가 올바른 길을 가고 있는지
전전긍긍하며 다른 사람에게 답을 달라고 물을 필요 없어
네 마음이 네 답이니까
네가 진심으로 원하는 대로
네가 정말로 바라는 대로 해
실수할 수도 있고
실패할 수도 있겠지
하지만 그렇다고 해서 오답은 아니야
네가 원하는 것을 포기하는 것
네가 원하는 것을 외면하는 것이
진짜 오답이야
네가 원하는 대로 하는 것은

그것이 무엇이든
그것이 어떤 결과든
바로 그것이 정답이야

영원히 살 것처럼 꿈꾸고
오늘 죽을 것처럼 살아라

— 제임스 딘

너에게 닥친 어려움을
모두 징계나 징벌이라고 생각하지 마
네가 무언가를 잘못해서가 아니라
네가 무언가를 배워야 해서 다가온 역경일 뿐이야
네가 배워야 할 것을 다 배우고 나면
자연스럽게 너의 어려움들은
너를 지나쳐 갈 거야
너의 어려움
너의 고통을 인정하고 받아들여
그리고 그 고통을 헤쳐나가 봐
그 과정에서
너는 단련되고 새롭게 태어나게 될 거야

인연을 억지로 만들려고 하지 말자
누군가를 네 사람으로 만들기 위해 노력한다고 해서
언제나 그 사람들이 다 네 마음을 알아주는 게
아니라는 것을 너도 알잖아
네가 간절히 바라는 그 사람이
어쩌면 너에게 좋은 인연이 아닐 수도 있어
네가 오늘 그 인연을 놓쳤기에
새로운 인연을 위한 자리를 비워둘 수 있었기에
네가 상상하고 꿈꾸었던 것보다
더 좋은 사람을 만날 수 있을 거야
그러니 스쳐 간 인연에 더 이상 아쉬워하지 말자

네가 친절을 베풀어도
네가 다른 사람을 배려해 주어도
너의 친절과 배려를
감사해 하지 않는 사람들 때문에 상처받지 마
네가 가볍고 우스워 보여서가 아니라
친절과 배려의 가치를 모르는 사람들이니까
그런 사람들 때문에
너의 친절과 배려, 너의 선한 성품을 바꾸려고 하지 마
너의 마음을 알아봐 주는 사람이 곧 나타날 거야
그리고 그 사람들이야말로
네가 평생 함께해야 할 인연들일 거야

평생 거짓말하지 않고 사는 사람은 없을 거야
그래도 너 자신에게만큼은 거짓말 하지 마
너 자신만큼은 속이지 마
너 자신에게만큼은 언제나 진실만을 말해야 해
너 스스로를 속이면서
행복해 질 수는 없어
네가 원하는 것
설령 네가 바라는 것들을 가질 수 없더라도
원한다고 바란다고 말해
현실적인 타협을 해야 할지도 몰라
하지만 원하지 않는 것을
사랑하지 않는 것을 사랑한다고

자신을 속이지는 말자
평생 그렇게 산다면
네 마음이 고통을 감당하지 못할 거야
네 인생이 너무나 허무하게 느껴질 거야
그러니 우리 자신에게만큼은 언제나 솔직해지자

좌절감과 절망감에 몸서리치고
네 인생이 이제 다 끝난 것 같을 때도
희망을 버리지 마
네 인생에 대한 믿음과 기대감을 포기하지 마
너는 반드시 행복해질 거야
너의 미래는 분명 네가 꿈꾸고 바라던 미래일 거야
지금의 어려움, 지금의 고통, 지금의 역경이
너의 믿음과 너의 미래를 바꿀 수는 없어
행복한 너의 미래를 믿어
너의 삶을 기대해
아직 끝나지 않았어

스스로를 책망하지 마
너 정말 열심히 살았잖아
너 정말 최선을 다했잖아
그러면 된 거야
부끄럽지 않을 만큼 열심히 살았다면
그걸로 너는 해야 할 몫을 다 한 거야

그러니 더 이상 자책하지 마
최선을 다한 사람에게는
신조차도 책임을 묻지 않을 테니까
그러니 너도 너에게 책임을 묻지 마
너는 너에게 주어진 의무와 책임을 다했으니까

인간이 항상 외로운 것은
아무도 너를 온전히 이해해줄 사람은 없기 때문이야
네가 살아온 삶
네가 겪은 경험들
네가 느낀 수많은 감정들
너 스스로 지고 있는 무거운 의무들과 책임감들을
알아줄 사람이 어디 있겠어
그건 친구도, 가족도 알 수 없을 거야
아무도 너를 이해해 주지 못한다고
마음 상해하지 마
어쩌면 그건 당연한 일인지도 몰라
그들이 나쁜 것이 아니라
단지 너를 모를 뿐인 거니까

너에 대해 잘 알지도 못하는 사람들의
어쭙잖은 충고는
너를 화나게 하기도 하지
그런 사람들 때문에

마음이 요동치고 평안함을 잃어도
그들은 여전히 아무것도 모를 거야
너의 상황에 대해 아무것도 모르는
사람들의 충고 따위는 무시해 버려
그들의 충고는
한 귀로 듣고
한 귀로 흘려도 상관없어
그저 그들의 충고를 알아들었다는 정도의
반응만 보여주면 돼
그들은 그 반응을 먹고살면서
자기 자존감을 높이는 나약한 사람들이니까
너 자신에게 여유를 줘
너 자신에게 시간을 줘
너를 뒤쫓고 있는 사람이
혹시 너 자신은 아니니?
너를 조급하게 하는 사람이
너를 가혹하게 다루고 있는 사람이
너 자신이어서는 안돼
자기 자신이 답답해 보여도
기다려줘
마음이 다급해져도
신중하게 선택할 수 있게
스스로에게 시간을 줘

성공하느냐
실패하느냐는
다른 사람이 아닌
네가 하는 일이야
네가 바로 너의 힘이고
너의 희망이고
너의 별이야
너는 장애물에 부딪히고
미로 속에서 길을 잃을 수도 있지만
장애물을 뛰어넘을 수도 있고
옳은 길을 찾을 수도 있어
인생이란 너의 선택 그 자체야
승리도 패배도 오직 너에게 달려있어
운명의 열쇠는 바로 네 손에 쥐어져 있어

화창한 햇살은 너무나 달콤하고
시원하게 내리는 비는 상쾌하고
바람은 네 마음과 영혼을 씻어주고
하얀 눈은 마음을 들뜨게 하지
세상에 나쁜 날씨는 없어
그저 서로 다른 종류의 날씨가 있을 뿐이야

절망스러운 상황 속에서
절망하고 포기하는 것은

누구나 할 수 있는 일이야
누구나 할 수 있는 일을
굳이 너까지 할 필요는 없어
네가 강한 사람이라는 증거는
절망 속에서도 너를 괴롭히는 좌절감 속에서도
내딛는 한 걸음이야
지금 너를 힘들게 하고
지금 너를 절망하게 하는 상황 속에서
한 걸음을 내딛는 것은 정말 어려운 일이야
하지만 그 한 걸음이 네가 어떤 사람인지를
네가 얼마나 강하고 훌륭한 사람인지를 보여줄 거야
우리 한 걸음을 내딛자
아무리 세상이 거센 바람으로 우리를 흔들어도
주저앉고 싶게 만드는 열사의 고통이 우리를 괴롭혀도
한 걸음을 내딛자

문제는 어떻게 죽느냐가 아니고
어떻게 사느냐이다
죽음 자체는 중요하지 않다
그것은 한순간의 일이다

— 보즈웰

너는 가난하게 태어났고
너는 특출난 재능도 없어
너의 자존감을 높여줄 것이 아무것도 없어
너의 주위엔 네가 의지할 만한 사람도 없지
너는 정말 아무것도 없어
너는 정말 저주받은 운명을 타고났는지도 몰라
태어날 때부터 패배자의 운명을 타고난
아무것도 이룰 수 없는 그런 운명을 가지고 있는 지도 몰라
아무리 노력해도 저주받은 운명이라는 감옥에 갇혀서
평생 아둥바둥하며 살 수밖에 없을지도 몰라
정말 운명이라는 게 있고
그래서 평생 고군분투하며 바동거리며 살아야 하는 거라면
우리 최선을 다해 분투하고 바동거리자
우리가 할 수 있는 것이 그것뿐이라면
우리가 할 수 있는 그것에 최선을 다하자
누구보다 열심히
누구보다 성실하게 아둥바둥하자
그게 우리 운명이라면
즐겁게 받아들이자

산다는 것은 서서히 태어나는 것이다

— 생텍쥐페리

잠시 현실적 타협을 했다고 해서
네가 포기하거나 패배한 거라고 생각하지 마
너의 상황이 네가 꿈을 향해
마음껏 달려갈 수 있도록 뒷받침해 주지 않는데
어떻게 네가 꿈만 생각하며 살 수 있겠어
젊은 날에 꿈을 이루지 못하고
네 운명을 개척해 내지 못했다고 해서
상심할 필요 없어
네가 부족하거나
네가 잘못된 선택을 했거나
네가 최선을 다하지 않아서가 아니야
다만 너의 바람보다 조금 더 느리게 가야 할
불가피한 상황일 뿐이야
현실적인 타협에, 생존의 굴레에 굴복하지 않고
너의 꿈을 잊지 않는다면
계속해서 앞을 향해 나아갈 수 있어
그러니 지금 잠시 타협한다고 괴로워하지 마
목표를 향해 맹렬히 달려가고 싶은 마음은 잠시 접어두고
우리 잠시만 달팽이가 되자
비록 느리지만 언젠가는
네가 닿고 싶은 그 바다에 닿을 날이 올 거야

사랑을 주고
사랑을 받고

사랑을 느끼고
그 사랑에 감동하고
세상이 다 밝게 빛나는 그런 감정을
누려 볼 수 있었던 것 자체가
정말 소중한 선물이잖아
소중한 선물이 내게 잠시
머물렀다는 것
그 자체로 감사하자
사랑을 통해
잠시 천국을 엿볼 수 있는
기회를 얻었다는 것만으로도 기뻐하자

행복해야 해
행복해야 해
행복해야만 해
라고 너 자신을 행복에 집착하도록 만들지 마
행복이라는 것이
탐욕스럽게 쫓는다고 해서
얻어지는 것이 아니잖아
우리 행복에 집착하지 말자
우리네 인생에 행복만 가득할 수는 없어
언제나 좋은 일만 일어날 수는 없잖아
힘들고 어려운 일도 일어날 수 있어
좌절할 수도 있고

실패할 수도 있어
그게 인생이고 삶이잖아
인생 그 자체를 받아들이자
슬픔과 고통이 가득한 인생을 이해하자
우리가 인정하고 싶지 않은
고통이나 슬픔도 모두 이해하고 받아들이자
고통도 내 인생의 일부라고
슬픔도 내 삶의 일부라고
그렇게 인정하고 받아들이자

나보다 좋은 환경
나보다 더 많이 가진 사람들을 보면서
왜 나는 저렇지 않을까
왜 나는 저렇게 살지 못할까
왜 내 인생은 이토록 힘들기만 한 걸까
다른 사람들과 비교하고 푸념하는
바보 같은 짓은 이제 그만하자
그들에겐 그들의 삶이
너에겐 너의 삶이 있을 뿐이야
너의 삶을 살아
너의 인생을 살아
그들의 행복과 불행이 너와 상관없듯
너의 행복과 불행도 누구와도 상관없이
오롯이 너만의 것이야

너 자신만 바라봐
너의 삶, 너의 인생만 바라봐
고개를 돌려 남들의 인생을 훔쳐보면서
너의 에너지, 너의 마음을 빼앗기지 마
모든 것을 너 자신에게만 쏟고 싶다면
오직 너, 너 하나만 바라봐

너는 너 자신만 바라보고 싶은데
자꾸만 너에게 와서
너의 감정을 건드리고
너를 무시하고
너를 다른 사람들과 비교하거나
또는 그들 자신이 이룬 것과
너를 비교하면서
너를 낮추려고 하지
그런 거지 같은 인간들을
만날 때면
너는 더 비참한 것 같고
네 인생이 서글픈 것만 같겠지
하지만 네가 기억해야 할 것은
네 삶은 절대 헛되지 않다는 거야
지금 당장 너의 노력들이
아직 꽃을 피우지 못했다고 해서
영원히 꽃이 피지 않는다는 것이 아니야

언젠가 너는 꽃을 피울 거고
너의 인생에도 봄이 올 거야
그때가 되면 그들은 네 옆에 없을 거야
너를 보는 것만으로도
그들은 고통스러울 테니까

네가 없어도 세상은 잘 돌아갈 거야
하지만 네가 없음으로써
누군가는 너의 도움을 받을 수 없게 되고
누군가는 너를 그리워할 것이고
누군가는 외로움을 더 느끼게 되겠지
너 자신이 스스로 쓸모없다고 여겨질 때에도
너는 너만이 할 수 있는 일을 하고
너만의 역할을 하고
너만의 자리를 이미 차지하고 있어
쓸모없다고
무가치하다고
너 스스로를 조롱하지 마
너의 가치를 모르고 있는 사람은
너뿐이니까

살아 있는 졸병이
죽은 황제보다 훨씬 가치 있다

—나폴레옹

더 이상 너의 패배를 떠올리지 마

네가 잘못한 일들

네가 실패한 일들을

떠올리며 너 스스로

더 이상 아무것도 할 수 없다며

스스로를 비하하는 일 따위는 이제 그만 두자

너의 과거 속에는 네가 실패한 일만큼이나

네가 성공한 일들도 많아

네가 자신을 극복하고

한계를 넘어서서

성취한 일들을 떠올려봐

네가 이루어 낸 것들을 생각해

너의 승리

너의 영광스러운 날들을

기억해

모든 것을 다 이루고

세상 모든 것 다 가진 것처럼

행복했던 순간

그때의 그 벅찬 감정들을 다시 기억해

지금 네가 힘들고 지쳤다고 해서

너의 삶이 지금껏 패배와 좌절로만

점철되어 온 것은 아니잖아

분명 너에게도 행복한 순간

너 자신을 자랑스럽게 생각할만한

영광스러운 순간들이 분명 존재했어
그 순간들을 기억해
너의 찬란했던 시간들을 항상 가슴에 새겨
그 시간들이야말로 네가 패배자가 아님을
너 자신에게 증명해줄 가장 강력한 증거이니까

인생은 고속도로가 아니야
달려야 할 정규 속도 같은 것은
정해져 있지 않아
다른 사람보다 늦게 대학에 갈 수도
늦게 군대 갈 수도
늦게 취업할 수도 있어
늦게 연애할 수도
늦게 결혼할 수도
늦게 부모가 될 수도 있고
늦게 꿈을 찾고
늦게 꿈을 이룰 수도 있어
누구나 100km/h의 속력으로 달려야 하는 게 아니야
남들보다 조금 늦는다고 걱정하지 마
빨리 달린다는 것이
항상 올바른 방향으로 가고 있다는 의미는 아니니까
조금 늦는 것이 어쩌면 더 축복된 길일 수도 있어
인생은 속력이 아닌 방향이니까
네가 올바른 방향으로 가고 있기에 늦는 거라면

그런 늙음은 분명 행운일 거야

인생은 원래 힘든 거야
그 어떤 위대한 철학자나 성인들도
모두 힘들어한 게 인생이야
인생이라는 것 자체가 고통을 내포하고 있어
네가 부족해서
네가 모자라서
네가 잘못해서
네 인생이 힘든 게 아니야
너이기 때문에
너라서 인생이 힘겨운 게 아니라
그저 인생이기 때문에 힘든 것뿐이야
그러니 인생의 힘겨움을
너 때문이라고 생각하지 마
네 탓이 아니라
그저 인생을 선물로 받은
모든 인간의 숙명일 뿐이니까

아무것도 가지지 못했다고 생각될 때에도
아무것도 가진 것이 없다고 생각될 때에도
너는 무언가를 가지고 있어
다만 우리가 이미 가진 것에는
관심도 감사함도 느끼지 못하기에

아무것도 가지지 못했다는
생각이 드는 거야
너의 눈을 위로만 향하지 말고
너의 주위를 둘러봐
지금 네가 가지고 있는 것들
지금 네가 누리고 있는 것들
지금 네 손안에 있는 작은 것들
지금 네 눈에는 그것들이
별것 아닌 것처럼 여겨지고
초라하게 보이겠지만
지금 네가 가지고 있는 작고 소박한 그것들이
지금껏 너를 지켜왔고
한때는 네가 가장 간절히 바라고
원하는 것들이었어
그리고 누군가는 네가 볼품없다고 여기는
그것을 가지기 위해 간절히 바라고 기도하며
고군분투하고 있어
네가 가지지 못한 것을 바라보며
한탄하고 원망하며
네 마음을 고통스럽게 만들지 마
너는 이미 네가 생각한 것보다
더 많은 것을 가지고 있는 사람일지도 모르니까

실패를 인정하지 않고

부인한다고 해서
현실이 더 나아지지는 않아
너의 잘못된 판단과 선택
너의 실패를 인정하지 않는 것은
결코 용기가 아니야
실패를 인정하고 수용해야 해
너의 잘못된 판단과 선택으로 인해
네가 겪어야 할 고통들을 받아들여
억지를 부리며 아무것도 잘못한 것이 없다고
소리를 지를수록
너 자신만 더 힘들어질 뿐이야
실패와 좌절을 인정한다고 해서
너 자신의 가치가 형편없어진다고 생각하지 마
다시 시작하면 그뿐이야
너는 언제든 다시 시작할 수 있어
네가 실패를 인정하지 않으면 않을수록
다시 시작할 시간이 더 늦어질 뿐이야
우리 이제 실패와 좌절을 인정하고 받아들이자
그리고 다시 시작하자
지금 이 순간부터
다시 새롭게 시작하자

네 인생에 대한 책임감을 가져
너는 네 인생을 책임져야 해

너에게 맡겨진 너의 인생을
너는 감당해 내야 해
도망치고 싶을 때에도
모든 것을 포기해 버리고 싶을 때에도
도망가지 말고
포기하지 말고
끝까지 네 인생을 책임져야 해
네 인생은 네 것이니까

말로 갈 수도, 차로 갈 수도,
둘이서 갈 수도, 셋이서 갈 수도 있다
하지만 맨 마지막 한 걸음은
자기 혼자서 걷지 않으면 안 된다

— 헤르만 헤세

네가 외로운 것은
네가 인맥 관리를 잘못했거나
네 옆에 있는 인연이
너에게 관심이 없기 때문이 아니야
그냥 인생이라서 외로운 거야
아무리 주위에 사람이 많아도
아무리 멋지고 근사한 사람이 내 옆에 있어도
외로움은 누구도 어찌해 줄 수도 없어
그냥 어찌할 수 없이 외롭고 외로워야 하지
외로움에서 벗어나려
소개팅을 하고
동호회에 가입하고
이런저런 사람을 만나러 다녀도
그저 잠시의 위안일 뿐
근원적인 외로움은 가시지 않을 거야
그러니 외롭다, 외롭다 노래 부르며
징징 대지 말고
외로움 속에서 네가 해야 할 일을 찾아
외로움을 도피처 삼아 게으름 피우며
하루하루 시간을 낭비하지 말고
외로움과 고독을 느끼며
해야 할 일, 하고 싶은 일들을 해 나가자
외로움과 고독은 평생 멀어지지 않을 벗이야
네가 그들을 사랑하지 않아도

그들은 너를 너무 사랑해서 떨어져 주지 않을 거야
그러니 너도 이제 그들을 벗으로 삼아
외로움과 고독이 사랑스럽지는 않지만
그들은 진정한 너를 찾는 데 힘이 되어 줄 거야

한 번쯤은 정말 네가 원하는 일을 해봐
물론 네 주위 사람들은 너를 미쳤다고 하겠지만
인생에서 한 번쯤은 미친 척하고 살아봐야 되지 않을까?
너의 인생의 길이가 얼마인지는 알 수 없어
그래도 평균 수명만큼은 살 수 있겠지
그 시간 동안 2년이라도
아니 1년이라도 하고 싶은 거 하면서 살아봐도 되는 거잖아?
그게 그렇게 잘못한 거야?
그게 그렇게 죄야?
아니잖아
1년 정도 그렇게 살아봐도 되잖아
1년 만이라도
우리 인생의 1년 만이라도
진짜 원하는 것을 하며 살아보자

도대체 어디서부터 잘못된 걸까?
도대체 어디서부터 어떻게 내 인생이 꼬여 버린 걸까?
도대체 내가 무얼 그리 크게 잘못한 걸까?
그런 고민들이, 그런 자책들이

꼬리에 꼬리를 물고 우리를 괴롭히더라도
우리의 인생 전체를
우리의 선택 전부를
부정적으로 생각하지는 말자
그것이 옳았건
옳지 않았건
네가 지금까지 해온 선택에는
분명 그만한 이유가 있었어
우리의 선택들은
너의 선택은
분명 최선의 선택이었어
너의 상황에서 할 수 있는
최선이었어
그 최선까지 부정하지 말자

네가 할 수 있는 것이 단 하나라도 남아 있다면
아직은 포기할 때가 아니야
할 수 있을까?
해결할 수 있을까?
이겨 낼 수 있을까?
고민하고 번민하기보다
아직 남아 있는
우리의 할 일을 하자
우리가 할 수 있는

우리가 잡을 수 있는 그 기회들이
정말 우리의 소망을 이루어 줄지
문제를 해결해 줄지
알 수 없지만
할 수 있는 것이
우리의 손에 남아 있는 것이
그것밖에 없다면
그것을 하자
혹시 누가 알겠어
별것 아닌 줄 알았던 그 기회가, 그 행동이
실은 오랫동안 잠긴 문을 열어줄
열쇠일 줄 말이야

어렸을 때
청춘의 빛이 아직 우리에게 머물러 있을 때에는 정말 몰랐어
시간이 이렇게 빨리 흐른다는 것을 말이야
얼굴에 주름살이 늘어가고
거울 속의 내 모습이 낯설게 느껴지면
괜히 그냥 우울해지지
하지만 인생 대부분의 날은
늙어가는 시간이야
젊음이 유지되는 시간이란
우리 인생 전부에서 극히 일부분의 시간일 뿐이지
우리는 대부분의 시간을

늙어가거나 늙음의 상태에서 보내게 돼
실은 늙음의 시간이 더 자연스러운 셈이야
그러니 우리에게 주어진 시간이 줄어 가는 것에
거울 속의 내 모습이 낯설어지고 늙어 가는 것에
너무 서글퍼하지 말자
언젠가는 흙으로 돌아갈 준비를 하는 내 몸에 슬퍼하기보다
남아 있는 시간 동안 더 많이 사랑해 주자
흙으로 돌아가 자연이 되기 전에
늙은 몸으로 더 많은 것을 이루어 내자
늙었어도 아직 살아 있으니까 말이야

현실적인 타협을 할 때면
마치 도망가는 것만 같고
싸워야 할 때 싸우지 않는 너를 보며
너 스스로 비겁하다는
생각이 들 때도 있을 거야
아니 이미 비겁자라고
생각하고 있을지도 모르겠어
평생 네가 원하는 것에서 도망간다면
그건 정말 도망요 비겁자일지도 몰라
하지만 너는 너 하나만 생각할 수 있는
그런 풍족한 환경이 아니잖아
너는 많은 책임을 지고 있고
너의 어깨에는 너만이 알고 느끼고 있는

많은 짐들이 매여져 있잖아
어떻게 네가 항상 매 순간마다
네가 원하는 대로만 행동하며 살 수 있겠어
현실에 타협해야 하는 너 자신을 비겁하다고 욕하지 마
자유롭지 않은 너 자신을 이해해줘

햇살 가득한 봄날
벚꽃이 따스한 봄바람을 따라
머리 위를 스쳐 가는 그런 날
너만 불행한 것 같고
세상 사람들이 모두 행복해 보이지
너의 옆을 걸어가는 낯선 사람들도
너를 보며 그렇게 생각하고 있을 거야
"저 사람은 참 행복해 보이네"
서로가 서로의 사정을 모르는 채
서로가 서로를 부러워하고 질투하며
자기 인생을 비난하고 스스로 불행해지는
바보 같은 짓은 하지 말자
햇살 가득한 봄날
행복해지고 싶다면
다른 사람을 보지 말고
따스한 햇살을 봐
머리 위로 흩날리는 벚꽃과
뺨을 스치는 봄바람을 느껴봐

기분 좋은 날씨를 마음껏 즐기고 만끽해
그것만으로도 너는 충분히 행복한 사람이 될 수 있어

누군가의 희생으로 다른 사람이 행복해진다면
그건 정말 옳은 일일까?
네가 너의 온 인생을 희생해서 누군가를 행복하게 한다면
그건 정말 옳은 일일까?
너의 희생으로 누군가 행복해지는 것이
너에게 행복이라면
그건 옳은 일일 거야
하지만 너의 희생이 너의 불행이라면
너의 불행함으로 누군가가 행복해지는 것은
절대 옳은 일이 아니야
때때로 사람들은 너에게 희생을 요구하지
조직을 위해서거나 혹은 다른 그럴듯한 이유를 대면서 말이야
하지만 실은 그들 자신의 행복을 위해서일 뿐이야
다른 사람의 행복을 위해 너를 불행하게 하지 마
너의 행복을 제물 삼아 행복해 지려는 사람들은
너를 위하는 사람들이 아니야
그런 사람들을 위해서 너의 온 인생을 제물로 바치지 마
너의 인생도 소중하잖아
너의 인생도 귀하잖아
너의 삶도 한 번 뿐이잖아

우울하고
슬픔이 가득하고
실패로 인한 좌절감에 견딜 수 없을 때일수록
더 너 자신을 아끼고
더 너 자신에게 좋은 것들을 먹이고 입혀야 해
우울할 때
가장 멋진 곳으로 여행을 떠나
슬픔이 가득할 때
가장 좋은 옷을 입어
실패로 좌절감을 느낄 때
가장 맛있는 음식을 먹어
가장 멋진 옷을 사서
가장 멋진 곳으로 여행을 떠나
가장 좋은 음식점에서 맛있는 음식을 먹어
그리고 음식점 문을 열고 나오면서
이렇게 말해
"처음부터 다시 시작이다"

안정적인 삶을 위해
안정적인 선택을 하고
안정적인 직업을 가지고
안정적인 적금을 들고
안정적인 배우자를 만나도
언제나 사람들은 늘 불안에 떨며 살지

안정적인 인생이라는 환상에 붙잡혀 살기 때문이야
불완전한 우리에게서
어떻게 안정적이고 완전한 인생이 나올 수 있겠어
아무런 불안도
위기도
위험도
없는 그런 인생은 없어
더 이상 안정적이기만 한 선택에 매달리지 말자
너는 언제나 안정적인 선택을 하며 살아왔잖아
그래서 지금 너의 삶이 안정적이야?

네 삶에 더 이상 희망 같은 것은 없어 보여도
누군가 말한 것처럼
끝날 때까진 진짜 끝난 게 아니야
하지만 네가 진짜 모든 것이 끝났다고 생각하고 말하고 행동한다면
그건 진짜 끝일지도 몰라
진짜 끝이라고 생각해봐
가슴이 덜컹하지 않아?
그것 봐 너도 아직 끝이 아니라고 생각하잖아
너도 아직 끝인 것은 인정할 수 없잖아
네가 인정하지 않는다면
네가 받아들이지 않는다면
그것은 끝이 아니야

세상엔 가끔 인생의 시련과 장애물이
비껴가는 것처럼 보이는 사람들이 있어
물론 그 사람들 나름대로는
힘들고 어려운 면들이 있겠지만
우리가 보기엔 참으로 사소한 고민들이지
너무나 쉽게 원하는 것을 손에 넣는 사람들
그들에게는 너무나 우연히 기회가 찾아오고
너무나 우연히 행운을 만나
심지어 그들은 그런 기회와 운명에게서 도망쳐도
행운과 기회가 쫓아다녀
모든 사람들이 그런 사람들의 인생을 부러워하지만
정작 단 한 번도 그들의 삶이 존경받은 적은 없어
그들을 질투하는 것이 아니라 지극히 사실이야
단 한 번도 장애물을 넘어 보지 못한
아니 넘을 필요도 없던 삶에서 어느 누가 감동을 받겠어
너의 인생에 많은 시련들이 지금은 너무나 힘겹고 버겁겠지만
그 어려움들이 너의 인생 이야기를
다채롭고 감동적으로 만들어 주고 있어
언젠가는 누군가에게 너의 힘겨웠던 시간들을 이야기해 주면서
그들을 감동시키고 그들을 위로하게 될 수 있을 거야
아무도 위로할 수 없는 인생보다는
누군가를 위로하고 감동시키고 등을 두들겨 주고
누군가 흘리는 눈물을 이해할 수 있는 인생이
더 가치 있는 인생 아닐까?

때때로 너의 우유부단한 모습에
너 스스로 바보 같은 결정 장애가 아닐까 생각되겠지만
세상에 어느 누가 쉽게 선택하고 결단할 수 있을까?
누구나 안갯속에서 이리저리 헤매며
더듬더듬 손을 짚어 보고
낭떠러지는 아닌지 발을 내밀어 보고
고민하고 또 고민하며
겨우겨우 결단을 내려 한 걸음을 내딛지
세상에 선택이 쉬운 사람은 없어
고민의 시간이 길어진다고 해서
누가 뭐라 할 사람은 없어
아무도 안 쫓아오니까
여유를 가지고 충분히 고민해
너에게는 고민할 자유도 있으니까 말이야

삶이란 자기 자신을 찾는 과정이기도 하지만
자기 자신을 만드는 과정이기도 해
네가 어떤 사람일까
진정한 나 자신은 어떤 모습일까
고민하는 것도 의미 있겠지만
때로는 단순하게 생각해봐
그냥 네가 되고 싶은 사람이 되어 버려
네가 되고 싶은 사람이
어쩌면 네가 그토록 찾아 헤매던
진정한 너 자신이 아닐까?

산다는 것은 서서히 태어나는 것이다
— 생텍쥐페리

어렸을 때 우리는 무언가가 되고 싶었어
하지만 지금 우리는 그저 하루를 살아가기에 급급할 따름이야
때로는 네가 지금 무얼 하고 있는지
네가 오늘 하루를 어떻게 보냈는지조차 잘 기억이 나질 않잖아
의미 없는 일상을 보내면서
그저 하루를 생존해 갈 뿐이지
그런 삶에, 그런 일상에 지쳐가면서
"이렇게 내 인생이 끝인 건가"
푸념하고 체념하면서 인생을 보내기엔
너의 인생이 너무 아깝지 않아?
네가 되고 싶었던 어떤 존재가 되기에
아직 시간이 충분히 남아 있어
그러니 우리 다시 시작하자

너는 네가 원하는 사람이 되어야 해
왜 다른 사람이 원하는 사람이 되어야 하는 건데
그건 네가 아니라 다른 사람이잖아
너는 네가 되어야 해
다른 사람이 아닌
바로 너, 너 자신이 돼

참다운 인생을 사는 비결은
자기 자신을 속이는 감정을 절대 갖지 않는 것이다

— 와일드

사람들은 공짜를 좋아해
하지만 공짜를 소중하게 여기지는 않아
사람들은 공짜로 얻은 것들을
노력하지 않고
아무런 대가를 지불하지 않고 얻은 것들을
우습게 여기고 함부로 대해
노력 없이 얻었다고 해서
모두 소중하지 않은 것은 아니야
때로는 노력 없이 얻은 것들이
세상 그 무엇보다 소중할 때도 있어
너 역시 노력 없이 거저 얻은 소중한 것들을
너무 가볍게 여기고 있지는 않니?

너 자신을 사랑하지 않고
너 자신을 믿어주지 않고
너 자신을 칭찬하지 않고
너 자신에게 할 수 있다 말해 주지 않고 있다면
너는 지금 네 인생에 브레이크를 밟고 있는 셈이야
이제 너의 인생이 앞으로 나아갈 수 있게 브레이크에서 발을 떼자
너 자신을 사랑해 줘
너 자신을 믿어줘
너 자신을 칭찬해줘
너 자신에게 할 수 있다 말해줘
네 인생이 앞으로 나아갈 수 있게 액셀을 힘껏 밟아

네가 동의하지 않는 한
세상 누구도 너를 열등하다고 느끼게 할 수 없어
너의 자존심이 무너지고
심한 열등감에 시달리고 있다면
그건 너를 열등하다고 말하는
너에 대해 아무것도 알지 못하는
무지한 사람들의 의견에 네가 동의했기 때문이야
너 스스로조차 네가 너무 부족하고 모자란 사람이라고
남몰래 생각하고 있었다면 더욱 괴롭겠지
무대 위에서 움츠러들고 부끄러워하는 가수가 매력이 없듯이
인생이라는 무대 위에서 스스로를 최고라고 믿지 않는 사람은
매력적이지도 근사하지도 않아
너의 무대에서만큼은
네가 세상에서 가장 멋지고 아름답고 근사한 사람이라고 생각해
너의 무대에서 가장 빛나는 주인공은 바로 너야
가장 빛나는 주인공답게 가장 반짝이는 주인공다운
자신감을 가지자

너를 이해해줄 사람이 아무도 없다고 생각될 때에도
언제나 한 명쯤은 네 편이 있어
너 역시 그런 경험이 있잖아
누군가 부당하고 정의롭지 못한 일을 당했을 때
그를 위해 적극적으로 나서지는 못해도
그가 잘 되기를 바라고 기도해주며

마음속으로 그의 편이 되어 준 적이 말이야
지금 이 순간에도 외로운 너를 위해
누군가 기도해 주고 있을지도 몰라
어쩌면 너보다 더 너의 일에 분노하고
가슴 아파할지도 모를 일이야
너의 편이 너의 눈에 보이지 않는다고 해서
혼자라고 생각하지는 마
비록 너의 편들이 두려움이 많아
적극적으로 너에게 도움을 주지는 못하지만
마음속으로 열심히 너를 응원하고 있을 거야
그들을 위해서라도 절대 포기하지 말고 승리를 쟁취해

밝은 대낮에 사람들의 응원과 환호를 받으며
꿈꾸는 사람도 있지만
어두운 밤에 아무도 모르게 외로이
꿈꿔야 하는 사람도 있지
어두운 밤에 꿈을 꾸는 것은
외롭고 지치고 때로는 너를 우울하게 만들지만
그래도 꿈을 꾸고 살 수 있다는 것이
얼마나 행복한 일이야
칠흑같이 어두운 밤
그 어떤 응원도 도움도 없이 꿈을 꾸는 너일지라도
절대 초라하거나 불행하다고 생각하지 마
언젠가는 너도 낮을 비추는 해가 될 수 있을 거야

분명히 그렇게 될 거야

후회 하나 없이 사는 인생이 있을까?
"나는 언제나 완벽한 선택만을 하며 살아왔어"
라고 말할 수 있는 그런 사람이 있을까?
비틀거리며 걸어도 포기하지 않고 걸어왔다면
그것으로 된 거야
한 번쯤 발을 헛디딜 수도 있고
한 번쯤은 넘어질 때도 있고
한 번쯤은 벤치에 앉아 게으름을 피울 수도 있어
사람이니까
우리는 신이 아니라 사람이잖아
사람이니까 실수해도, 후회할 일을 해도 괜찮아
너의 선택이 네가 원하는 결과를 내지 못했다고 해서
네가 그 선택에 후회한다고 해서
그 선택이 꼭 나쁜 선택인 것은 아니야
"그때 그랬어야 했었지"
라는 생각이 들 때가 많겠지만
정말 그때 그랬으면 정말 좋은 결과가,
네가 원하는 완벽한 결과가 나왔을까?
너의 선택이 완벽하지 않더라도
최선의 선택을 했다면 그걸로 된 거야
네가 후회하고 있는 그 선택도
정말 오래 고민하고 생각해서 선택한 거잖아

충분히 신중했다면
그리고 최선이라는 확신 속에서 한 선택이라면
그 선택이 그 상황에서 가장 옳은 선택이었을 거야
그러니 이제 과거의 선택에서 빠져나와
후회 속에 파묻혀 또 후회할 일을 만들 셈이야?

너무 많은 실수를 저지르고
잘못된 선택으로 인생을 망쳐 버린 것처럼 보여도
아직 너에게 남은 날이 너무도 많아
그리고 오늘은 너에게 남은 날 중 첫 번째 날이지
뿐만 아니라 너에게 남은 인생에서
지금의 네가 가장 젊기까지 해
이것 봐 젊은이 자네는 그 청춘으로
남은 인생을 어떻게 살아갈 텐가?

사람들은 너에게 항상 말하지
어느 대학에 가야 한다
어느 직장에 들어가야 한다
어떤 사람이랑 결혼해야 한다
애는 몇을 낳아야 한다
집은 몇 평이어야 한다
노후 준비는 어떻게 해야 한다
그런 말들을 듣기 싫어하면서도
너는 어느새 그런 말들에 이끌려 살아왔어

그 사람들의 말들이, 그런 충고들이
정말 너를 행복하게 해 주었어?
아니잖아
너를 행복하게 하기는커녕
오히려 너를 더 지치게 했지
주변 사람들의 말, 기대를 충족시키느라
너는 완전히 그로기 상태잖아
언제까지 그렇게 살 수 있을 것 같아?
이미 너는 너무 지쳐 버렸는데
아직도 주변 사람들의 기대를 채우려 한다면
이제 그런 바보 같은 일 따위는 그만둬
그러라고 사는 인생이 아니잖아

신은 죄를 지은 아담에게 벌을 내렸어
일을 해야 먹고 살 수 있게 했지
하지만 일하다가 죽으라고 한 적은 없어
건강을 잃을 만큼 일만 하라고
인생의 모든 즐거움을 포기하고 생존에만 매달리라고
쉬지 않고 일, 오직 일만 하라고 한 적은 없어
가끔 네가 하고 싶은 일을 하거나
혹은 네가 쉴 수 있는 기회가 생겨서 휴식을 취하면
너는 불안감을 느끼지
왠지 네가 너무 게으른 것 같고
더 열심히 뛰어야만 될 것 같고

이래서는 안 될 것 같고
그렇게 불안하고 초조함을 느끼며
하고 싶은 것도, 제대로 된 휴식도 취하지 못해
너는 사람이야
계속 일만 하다가는 네 수명이 짧아져 버릴지도 몰라
아무리 의지가 강하다 해도 일만 하며 살 수는 없어
너에겐 쉼이 필요해
쉬는 건 죄가 아니라 당연히 해야 하는 의무에 더 가까워
그러니 이제 편안히 쉬어
불안에 떨지 말고 초조해하지도 말고
편히 쉬어
신은 아담에게 휴식을 취하라고 밤을 준 것이니까

다른 사람들이 널 어떻게 볼까
다른 사람들이 널 어떻게 평가할까
걱정하고, 염려하는 일은
너의 마음과 몸을 조금씩, 지속적으로 갉아먹는 일이야
도무지 알 수 없는 사람들의 마음을 알려고 하니
어떻게 지치지 않을 수 있겠어
너는 다른 사람의 생각을 알고 싶겠지만
사실 그들은 너에게 별로 관심이 없어
그들의 관심은 자기 자신에게 있을 뿐이야
너 자신을 봐
너도 마찬가지잖아

너의 관심도 온통 너 자신에게 있지
다른 사람 사는 일에는 관심 없잖아
다른 사람이 널 어떻게 생각할까 하는 것도
결국은 너 자신에 대한 관심일 뿐이잖아
다른 사람들이라고 특별히 다를까?
그들도 아마 널 보며 너와 같은 걱정을 하고 있을 걸
"저 사람은 날 어떻게 생각할까?"
바보 같은 걱정과 고민으로
너 자신을 그만 괴롭혀
어차피 답도 없는 고민 따위 해서 뭐 하겠어
무의미한 고민이라는 거 이미 너도 알고 있잖아
다른 사람들의 시선에서 너를 자유롭게 해 줄 수 있는 사람은
다른 사람이 아니라 너 자신이야
이제 그만 타인의 시선과 평가에서
너를 해방시켜줘
너에게 이제 자유를 허락해

하고자 했던 일이 실패하고
고민하며 준비했던 일들도 모두 실패해 버리고
일상 속의 작은 일들조차 제대로 굴러가지 않으면
너는 자신감을 잃어버리고 기가 죽어 버리지
괜히 사람들이 널 더 우습게 보는 것 같고
사소한 일에도 무시당하는 것 같고
그저 너 자신이 실패자인 것만 같은 기분에

하루 종일 우울하고 슬프고
밥 먹다가도 우울해서 눈물이 나고
내가 왜 이럴까 하면서도
기분이 좀처럼 나아지지 않을 때가 있어
그런 상황에서 네가 할 수 있는 일이라곤
사실 아무것도 없어
무언가 더 해서 이 상황을 변화시켜야만 할 것 같은데
할 수 있는 일이 아무것도 없지
할 수 있는 일이 아무것도 없다는 사실을 확인하게 되면
더 무력감을 느끼고 우울해지기도 해
너의 상황을 바꾸기 위해서 할 수 있는 것이 아무것도 없다면
아무리 고민해도 좋은 방법이 떠오르지 않는다면
아무것도 하지 마
무언가를 해야만 긍정적인 변화가 일어나는 것만은 아니야
때로는 아무것도 하지 않아야 변화가 일어날 때도 있는 법이지
아무것도 하지 않는 것이 언제나 정체를 의미하는 것은 아니야
그저 기다리는 것이 최선의 행동일 때도 있어
너의 감정과 너의 마음이 회복될 때까지
새로운 변화의 기회와
네가 해야 할 명확한 행동이 보일 때까지
그때까지 차분하게 기다려
우울한 실패자가 아니라
먹잇감을 매섭게 덮칠 기회를 노리는 맹수처럼
수풀 속에서 조용히 먹잇감이 나타날 때까지 기다려

강물의 흐름에 따라
부드럽게 즐겁게 배를 저어라
이것이 곧 삶이다
공자

누군가 너에게

해야 할 일과 가야 할 길의

정답이 되는 선택지를 가르쳐 준다면

얼마나 인생이 쉬워질까?

그러면 고민할 일도 걱정할 일도 없을 텐데 말이야

하지만 정말 정답이 되는 그런 길이 있기는 있는 걸까?

정말 모범 답안 같은 것이 존재는 하는 걸까?

그런 정답 같은 것이 인생에 없지 않을까?

어쩌면 우리는 정답만을 찾으려고 해서

진짜 만족스러운 선택,

정말 좋은 선택지를 놓치며 살고 있는지도 몰라

네가 만족스러운 것

네가 좋아하는 것

네 마음이 가는 그런 선택이

그게 바로 좋은 선택이고 좋은 답이 아닐까?

정답이라는 것이 있다고 해도

꼭 정답을 선택해야 하는 건 아니잖아

최고의 선택은 아닐지라도

꽤 괜찮은 선택도 나쁘지 않잖아

왜 항상 가장 최고의 모범 정답만을 골라야 한다고 생각하는 거지?

십년지기 친구 녀석도

사랑하는 연인도

평생을 함께할 배우자조차

너의 마음

너의 선택을

이해해 주지 못할 때

너는 외로움에 몸부림치지

"왜 아무도 내 마음을 몰라 주는 걸까?"

"왜 아무도 내 생각을 몰라 주는 걸까?"

그들이 어떻게 네 마음을 알겠어?

그들이 어떻게 네 생각을 알겠어?

그들은 네가 아닌데

세상에서 너를 제대로 아는 사람

세상에서 너를 제대로 이해하는 사람

그런 사람은 오직 너 자신뿐이야

네가 지금 고통스러울 만큼 외로운 것은

너조차도 너를 이해해 주지 않기 때문이야

너조차도 너를 보듬어 주지 않기 때문이야

너조차도 너를 사랑해 주지 않기 때문이야

세상 누구도 네 편이 아닐 때

만일 네가 완전한 너의 편이었다면

고통스러울 만큼 외롭지도

그 어떤 두려움도 느끼지 못했을 거야

고통스러울 정도의 두려움에서 벗어나고 싶다면

네가 완전한 너의 편이 되어야 해

너는 너의 팬이 되어야 해

너는 너의 가장 열정적인 팬이 되어야 해

세상 누가 뭐라 해도 너를 지지하고 응원하는
너의 최고의 팬이 바로 너 자신이어야 해
네가 너의 팬이라고 해도 여전히 외로움은 남겠지만
적어도 완전히 네가 혼자라는 생각은 들지 않을 거야

땀 흘리지 않고 마시는 이온음료는 맛이 없지
차가운 냉수 한 그릇의 참맛은
뜨거운 햇볕 아래에서
고된 노동을 한 뒤에야 알 수 있어
갈증이 없고
고난이 없고
고통이 없고
시련이 없고
갈망이 없다면
인생의 기쁨도, 행복도, 성취감도, 보람도 없을 거야
지금 네가 겪는 너의 어려움과 시련이
너무나 원망스럽고
왜 내가 이런 일을 당해야 하는지 의문스럽겠지만
모든 문제를 해결하고
모든 일을 성취하고 나면
세상 누구보다 더 큰 행복과 평안함을 만끽하게 될 거야
한낮의 뜨거운 햇볕은 절대 영원하지 않다는 걸 기억해

노고 후의 수면,
풍랑 뒤의 항구 정박,
전쟁 뒤의 평온,
삶 뒤의 죽음
— 이것이 인생에서의 최대 기쁨이다

—H. 스펜서 〈요정 여왕〉

과거에 힘들었던 일들을 생각해봐
예전에 너를 괴롭히고 너를 못살게 굴었던
고약한 문제들을 떠올려봐
절대 해결되지 않을 것 같았던
절대 넘어서지 못할 것 같았던
죽어도 아니 죽어서까지 너를 괴롭힐 것 같았던
그 문제들을 생각해봐
절대적인 강자인 것 같았던 그 문제들도
어느새 해결되어 과거가 되어 버렸어
고생담은 이제 무용담이 되어 자랑삼아 떠벌릴
허세 위의 안줏거리가 되어 버렸어
그 대단했던 문제들도 시간이 흘러가니 늙어 버려서
더 이상 너를 괴롭히지 못하게 되어 버렸잖아
그런데 왜 지금 문제는 안 그럴 것 같아?
지금 너에게 어떤 문제가 있어도
장담컨대 그 문제 또한 결국 과거가 되어 버릴 거야
지금 너를 괴롭히는 그 문제들도 늙고 병들어서
끝내는 힘을 잃어버릴 거야
그리고 다시 무용담이 되어 허세 위의 안줏거리가 되겠지

우리는 1년 후면 다 잊어버릴 슬픔을
간직하느라고 무엇과도 바꿀 수 없는
소중한 시간을 낭비하고 있다
소심하게 굴기에 인생은 너무나 짧다

— 카네기

현재의 성공과 실패가
선택의 옳고 그름을 판단하는
기준이 되어서는 안 돼
인생에서 반전이란
일상다반사이니까 말이야
언제 어떻게 상황이 변할지
우리는 한 치도 알 수 없어
오늘의 성공이 내일의 실패 원인이 되기도 하고
또 그 반대의 일도 일어날 수 있으니 말이야
네가 지금 괴롭다고 해서
네가 지금 실패했다고 해서
네가 잘못된 길을 선택했다고
쉽사리 단념하고 체념하지 마
정말로 실패했는지는
끝을 볼 때까지 아무도 알 수 없어

언제까지 뒤를 돌아보며 살 거야
언제까지 과거를 놓아주지 않을 거야
이제는 훌훌 털어낼 때도 됐잖아
과거는 바뀌지 않아
아무리 돌아보고
후회하고
자책해도
지나간 과거는 바뀌지 않아

다시 돌아가서 다시 선택할 기회 같은 것은 없어
언제까지 돌이킬 수 없는 일에
너의 소중한 인생을 낭비할 거야?
과거로부터 너를 놓아줘
지금은 너의 현재를, 너의 미래를 정면으로 응시할 때야

만약 당신이 예술가처럼
당신의 인생을 창의적으로 살고 싶다면
과거를 너무 돌아봐서는 안 된다
당신이 무엇을 했건, 당신이 누구였었던
다 받아들일 수 있어야 하며
던져버릴 수 있어야 한다

— 스티브 잡스

중요한 것은 네가 무엇을 놓쳤느냐가 아니라
무엇을 성취했는가 하는 거야
네가 놓친 것들에 대해 사람들은 전혀 관심이 없어
왜냐하면 네가 무엇을 놓쳤는지 아무것도 모르기 때문이야
그들은 아무것도 몰라
네가 어떤 실수를 했는지
네가 어떤 실패와 시련을 겪었는지
무엇을 놓쳤는지
그걸 아는 사람은 너 하나밖에 없어
그리고 그걸 비난하는 사람도 너 하나밖에 없지
네가 성취해 낸 것에 집중해
네가 성취하고 싶어 하는 일에 집중해
네가 죽었을 때 너의 묘비에 적힐 것은
네가 놓친 것들이 아니라
네가 성취해 낸 것들일 테니까

가장 부유한 사람으로 묘지에 묻히는 것은 나에겐 중요하지 않다
"우리는 멋진 일을 해냈어"라고 말하며 밤에 잠이 드는 것
그것이 나에게 중요하다

— 스티브 잡스

너에게 망설임이 생길 때
너에게 두려움이 엄습할 때
혼란스러움이 너의 마음을 온통 어지럽히고
도통 무엇을 어떻게 해야 할지 모를 때
너에게 그런 때가 오면
너에게 닥칠 정해진 비극을 떠올려
죽음이라는 가장 잔인한 인생의 비극을 생각해봐
너는 분명히 죽어
몇 시간 후에 죽을지
며칠 후에 죽을지
몇 달 후에 죽을지
몇 년 후에 죽을지
알 수는 없지만
한 가지 분명한 건
너는 반드시 죽어
그 죽음이 그리 멀지 않았을지도 몰라
연락이 닿지 않는 너의 동갑내기 친구들 중에도
이미 이 세상을 떠나버린 사람들이 있을 거야
네가 지금 살아 있다고 해서
그들과 다를 거라고 생각하지 마
죽음이 이미 너의 턱밑까지 쫓아와 있어
인생이 얼마나 순식간에 지나가 버리는지 너도 알고 있잖아
너는 분명, 반드시 죽을 거야

죽음 앞에서 무엇을 망설일래?
죽음 앞에서 무엇을 두려워할 거니
네가 지금 죽음 앞에 있다면 너는 어떤 선택을 할 거니?
죽음 앞에서도 할 수 있는 선택을 해
죽음 앞에서의 선택이 가장 진실한 너의 마음일 테니까

당신이 죽을 거라는 사실을 기억하는 것이야말로
당신이 잃을 게 있다는 생각의 함정으로부터 피할 수 있는
내가 아는 최선의 방법이다
당신은 이미 헐벗었다
당신의 마음을 따르지 않을 이유가 없다

— 스티브 잡스

다시 일어선다는 것
다시 시작한다는 것은
너무나 두렵고 무서운 일이야
처음 시작할 때는 몰랐던
잘못된 선택에 대해 감당해야 할 무거운 책임들을
이미 알고 있기 때문이겠지
무엇이든 해낼 수 있다는 용기와
앞을 가로막는 것은
무엇이든 부숴버릴 수 있을 것 같은
지난날의 패기는
이제 더 이상 우리에게 남아 있지 않아
무거운 책임감과 실패에 대한 두려움만이
우리를 잠식하고 있지
하지만 그럼에도 우리는 다시 시작해야 해
이대로 주저앉으면
이대로 포기해 버린다면
모든 것은 그대로 끝장나 버릴 테니까
아무런 희망도 기대도 없는 삶이
우리의 인생이 되겠지
단 한 번 생각해 본 적도
꿈꿔 본 적도 없는 삶이
우리의 인생이 되겠지
그런 인생이 행복할 리가 없잖아
이대로 모든 바람들과 희망을 포기해 버린다면

남는 건 빈껍데기 같은 불행한 인생뿐일 거야
그러니 우리 다시 시작하자
다시 일어서자
다시 희망을 품고 기대하고 기도하자
이제 더 이상 예전 같은 용기와 패기는 없지만
그래도 우리 다시 시작하자
이렇게 아무것도 이루지 못하고 끝내 버리기에는
우리 인생이 너무 아깝잖아
우리 인생이 너무 소중하잖아

인생의 가장 큰 영광은
한 번도 실패하지 않음이 아니라
실패할 때마다 다시 일어서는 데 있습니다

— 넬슨 만델라

다른 사람이 원하는 네가 아닌
네가 원하는 네가 되어야 해
너는 그냥 너일 뿐이야
다른 사람들이 너에게
너는 이런 사람이 되어야 한다
저런 사람이 되어야 한다
간섭하고 불필요한 잔소리를 늘어놓겠지만
그런 목소리에 귀 기울여
너답지 않은 네가 되어야 할 의무나 책임은
너에게 없어
네가 원하는 사람이 돼
네가 되기를 바라는 네가 돼
너만이 네가 될 수 있어

너 자신이 되라
다른 사람은 이미 있으니까

— 오스카 와일드

잘못된 선택으로
힘들고
고통스럽고
괴로울 때
우리를 가장 고통스럽게 하는 건
더 이상 과거로는 돌아갈 수 없다는 사실이지
맞아, 과거로는 절대 되돌아갈 수 없어
하지만 그렇다고 해서 너에게 되돌릴 기회가
아무것도 없는 것은 아니야
너에겐 아직 현재가 남아 있으니까
지금 선택을 바꾸면 돼
바로 지금 다른 선택을 하면 돼
지금 선택을 바꾼다면
과거의 너의 선택으로 인한 잘못된 결과들까지도
분명히 바로잡을 수 있어
바로 지금 용기를 내어 다른 선택을 해야 해
지금이 아니면 정말로 더 이상 기회가 없을지도 몰라
내일은 무슨 일이 일어날지 알 수 없으니까
지금 다른 선택을 하지 않는다면
언젠가 미래에 또다시 지금 다른 선택을 하지 않은 것을
후회하며 과거로 되돌아가길 바랄지도 몰라
같은 잘못을 반복하고 싶지 않다면
지금 다른 선택을 해야 해
아직은 기회가 남아있는 바로 지금 말이야

당신이 되고 싶었던 어떤 존재가 되기에는
지금도 결코 늦지 않았다

— 조지 엘리엇

인생의 시련에 신음하고 있을 때에도
약한 소리 하며 불쌍한 모습 같은 거
보이려고 하지 마
약한 모습을 보며
사람들이 널 위로해줄 거라는
기대 같은 것도 하지 마
그들은 너의 고통을 즐길 뿐이니까
이미 너도 알고 있는 사실이잖아
힘들어서 죽을 것 같아도
나약한 모습 따위는 보이지 마
어깨를 펴고 고개를 들어
그리고 당당한 표정으로 정면을 쳐다봐
인생이란 맹수 같아서
등 돌린 놈을 먹잇감으로 생각하니까

고개를 들어라
각도가 곧 태도다

—프랭크 시나트라

'나에게도 기회가 올까'

'정말 나에게도 기회가 올까'

네가 성실할수록

네가 최선을 다할수록

이런 의심은 더욱더 심해지지

너의 노력이

너의 땀과 눈물이

결실을 맺지 못할지도 모른다는 그런 불안감이

너를 괴롭히고

너의 의지를 약하게 하고

끝내는 포기하게 만들어

네가 보낸 하루들

네가 눈물로 씨를 뿌리며

고생하고 노력하며 보낸 하루들은

절대 너를 배신하지 않을 거야

물론 네가 원하는 기회가 오지 않을지도 몰라

하지만 노력은 어떤 식으로든

반드시 열매를 맺게 되어 있어

그게 이 세상의 법칙이니까

네가 지금 쌓아올리고 있는 것들이

네가 원하는 것을 가져다 주지 못할지라도

네가 지금은 생각하지 못한 기회들을 가져다줄 거야

어쩌면 그 기회들은 네가 지금 원하는 것들보다

훨씬 더 좋은 것일 수도 있어

인생은 잔인하지만
또 그만큼 정확하게 보상을 주지
더 얻는 것도
더 잃는 것도 없이
노력한 것만큼은 분명히 가질 수 있어

언제까지고 계속되는
불행은 없다
가만히 견디고 참든지
용기를 내어 내쫓아 버리든지
이 둘 중의 한 가지 방법을 택해야 한다

— 로망 롤랑

제가 17살 때 오버튼이라는 곳에서
벽돌공으로 일을 하고 있었죠
오후 2시가 될 때쯤이면
이미 옷은 땀에 흠뻑 젖고
흙투성이가 되어
등을 굽히면
다신 펴질 수 없을 것만 같이 느껴졌습니다
만약 제가 단 1분이라도
축구가 지겨워지는 순간이 온다면
금방이라도 쓰러질 것 같은 그 날을 생각하며
내가 지금 인생 최고의 순간을
살고 있다고 되새길 것입니다

— 축구선수 찰리 오스틴

장애물 앞에서는
너뿐만이 아니라
누구나 압박감을 느껴
그런 압박감을 극복해 내는 일은
분명 어려운 일이지
하지만 그 장애물을 넘어서지 않고서는
절대 한 단계 더 성장할 수 없어
무슨 수를 쓰건, 어떻게 해서건
지금 눈앞을 가로막고 있는 장애물을
넘어서야만 해
벽은 너무나 높은 것만 같고
갈 길은 먼 것 같고
나 자신은 너무 초라하고
재능이라고는 없어 보이고
무력감과 막막함에 도망쳐 버리고 싶겠지만
그래도,
그래도 이겨내야만 해
두렵고 무서워도 도망가지는 말자
이겨낼 자신이 없다면
이 악물고 버티기라도 하자
버티고 버티고 또 버티다 보면
반드시 승리의 기회를 잡을 수 있을 날이 올 거야

장애물이 너를 멈추게 하지 마라
벽을 향해 뛰어갈 때 주저하거나 포기하지 마라
그 벽을 어떻게 오를지, 어떻게 통과할지,
어떻게 해결할지 알아내라

— 마이클 조던

꽃이 영원히 피지 않고
승리의 영광과 명예가 평생 있지 않듯이
절망과 비탄만으로 채워진 날도 영원하진 않아
추운 겨울도 4개월을 버티지 못하고
빛 한 점 찾을 수 없는 어두운 밤도
반나절을 견디지 못하고 사라져
반드시 새로운 태양이 떠오를 거야
그때까지 우리 희망을 놓치지 말자
비록 지금이 어두울지라도
아직 절망의 시간이 남아 있을지라도
결국은 모두 사라지고
새로운 너의 계절이 찾아올 거야
너의 새로운 봄은 절대 누구도 막을 수 없을 거야
너의 봄은 절대적이야

마지막인 것만 같은 순간에
새로운 희망이 움튼다
삶이란 그런 것이다
태양이 어김없이 솟듯 참고 견디면 보답은 반드시 있다

― 앤드류 매튜스

넌 분명히 재능이 부족해
정말 인정하기 싫지만
사실이니까 어쩔 수 없이 받아들여야겠지
재능이 많은 그런 사람들을 보면
너무나 부럽고 질투 나고 속상하지
네가 100을 노력해야 얻을 수 있는 걸
그 사람들은 50만 노력해도 해내 버리니까
"난 왜 안될까"
"난 정말 안되는 걸까"
"이대로 여기서 포기해야 하는 걸까?"
"확 그냥 포기해 버릴까"
"난 어차피 안되는 거 그냥 여기서 멈출까?"
이런 생각들로 너의 머릿속이 복잡하다는 걸 알아
그래도, 그럼에도 불구하고 포기하지 마
물론 넌 최고가 될 수는 없을 거야
하지만 네가 하고 싶은 일을 하며 살 수 있다는 것,
그것만으로도 얼마나 큰 축복이야
최고가 되지 못한다고 해서
네가 필요한 사람이 아닌 것은 아니야
최고가 되지 못한다고 해서 불행해지진 않아
너의 일에서 최고가 아니어도 괜찮아
열정과 즐거움이 있다면 그것만으로도 충분하잖아

인간은 재주가 없어서라기보다는
목적이 없어서 실패한다

— 빌리 선데이

패배감
절망감
좌절감
불안감
열등감

이러한 감정들이 너를 들쑤셔 놓을 때
너는 한없이 무너져 버리지
마치 다시는 일어날 수 없을 것처럼 쓰러져 버려
감정은 언제나 이성보다 강해
그래서 때로는 감정이 진짜 현실인 것처럼 느껴져 버릴 때도 있어
하지만 그 감정은 현실이 아니라
바로 네가 만들어 낸 거야
감정의 창조주는 바로 너 자신이야
그리고 그 감정을 파괴할 수 있는 것도
바로 너 자신이지
바람에 요동치는 물결처럼
감정의 바람에 흔들리지 말자
바람을 잠재울 수 있는 힘이
이미 네 안에 있어
네가 만들어 낸 감정에
너 스스로 무너진다면
얼마나 바보 같은 일이야
들끓어 오르는 부정적인 감정들을 잠재워

절대 잊어서는 안 돼
어떤 감정을 느낄지 선택하는 것조차도
너 자신이라는 것을

커피의 쓴맛과 설탕의 단맛처럼
감정도 똑같지
쓸모없는 감정이란 없어
단지 조절해야 할 감정이 있을 뿐이지

―《감정을 다스리는 사람 감정에 휘둘리는 사람》 중에서

우리는 언제 어떻게 무얼 해야 할지 모를 때가 많아
많은 게 아니라 사실 대부분 그렇지
하지만 정말 가끔은
내가 어떤 행동을 해야 하는지
명확해질 때가 있어
반드시 용기를 내어 무언가를
시도해 보아야 할 때가 있지
"그래 지금 해야만 해"
"지금 용기를 내어야만 해"
라는 생각이 머릿속을 가득 채우지
하지만 그럼에도 불구하고
우리는 대개 용기를 내지 못해
어쩔 수 없다며 이런저런 궁상맞은 핑계를 대지만
실은 실패할까 봐 두렵고
상처받을까 두려워서잖아
용기를 낼 수 있는 기회는 그리 많지 않아
항상 용기 있는 사람일 수는 없지만
용기를 내야 할 순간에는
용기를 내어야만 해
단 몇 초의 용기가
너의 인생을 바꿀 수도 있으니 말이야

미쳤다고 생각하고 20초만
용기를 내 볼 필요도 있어
그럼 상상도 못 한 멋진 일들이 펼쳐질 거야

— 영화 〈우리는 동물원을 샀다〉 중에서

다른 사람의 대답

다른 사람의 감정

다른 사람의 반응

다른 사람의 눈을 통해서

너 자신을 확인받으려 한다면

어쩌면 평생 너 자신에 대해서

알 수 없을지도 몰라

그들은 너를 몰라

그리고 너에게 그다지 관심도 많지 않아

그들이 너에 대해 아는 것들은

모두 피상적인 것들뿐이야

너의 작은 행동 하나로

너의 모든 것을 평가해 버리지

왜 네가 그들에게 확인받아야 하지?

왜 네가 그들에게 인정받아야만 해?

그들이 뭔데?

그들에게는 네가 어떤 사람인지

규정지을 권리가 없어

그들이 너를 어떻게 생각하는지 따위는

전혀 중요하지 않아

중요한 건 네가 너 자신을

어떻게 생각하고 있느냐는 거야

다른 사람이 아닌 너의 눈을 통해서 너 자신을 바라봐

너를 규정지을 자격이 있는 사람은 오직 너뿐이니까

꽃은 꽃 그대로가 아름답다
너도 너 그대로가 아름다움인데
왜 다른 사람에게서 너를 찾으려고 하는가?

—틱낫한

열정은 거짓말을 하지 못해
아무리 자신을 속이고 싶어도
열정만큼은 속일 수가 없어
네가 네 삶에 지쳐 버린 이유가
하고 싶지 않은 일,
열정이 없는 일을 하기 때문이라면
잠시만 멈춰서 다시 생각해봐
지금 네가 하고 있는 일을
너는 몇십 년 동안 할 수 있겠어?
너는 지금 네가 하고 있는 일을 사랑하니?
열정이 느껴지니?
만족감이 느껴져?
보람이 있어?
네 일이 가치 있다고 생각돼?
너는 지금 하고 있는 일을
평생 해야 될지도 몰라
정말 그렇게 돼도 후회하지 않을 자신 있어?

집중력은 자신감과 갈망이
결합하여 생긴다

— 아놀드 팔머

사람들은 인생을 쉽게 사는 능력을
재능이라 말하지
만일 재능이 인생을 쉽게 만들어 주는 거라면
우리에겐 없다고 해야겠지
지금 우리 인생은
너무나 힘들고 괴롭고 고통스러우니까
그래서 우린 너무 지쳐버렸으니까
하지만 지친 와중에서도
계속 삶을 이어나가는 것
끝까지 최선을 다하는 것
내 삶을 포기하지 않는 것도
정말로 큰 재능이야
우리 힘들어도 계속
우리의 삶을 이어나가자
포기하고 싶고 주저앉고 싶어도
이 걸음을 포기하지 말자
힘들도 지치고 괴로워도
끝까지 인생을 살아내자

천재란 노력을 계속할 수 있는 재능이다

— 토머스 에디슨

스스로에게 부끄럽지 않을 만큼
노력했다면 그걸로 됐어
원하는 결과를 얻을 수도
얻지 못할 수도 있겠지
하지만 결과가 어느 쪽이든
너는 분명 너의 인생에 충실했어
세상 어느 누구도
신조차도 너를 탓하지 못할 거야
너는 너의 책임을 다했으니
그걸로 너는 너의 의무를 다한 거야
앞으로의 일은 그만 고민하고
이제 편하게 쉬어
다음 턴이 너에게 넘어올 때
다시 달릴 수 있도록 말이야

최선을 다하고
나머지는 잊어라

— 월터 앨스턴

인생을 산다는 건
사실 힘들고 지치는 일이야
하지만 인생에 항상 힘들고 어려운 일만 있는 것은 아니야
예상치 못한 행운과 기회가 날아들어 와
너를 기쁘게 하기도 하잖아
인생의 불확실성에서
네가 무엇을 보느냐에 따라
인생관은 달라져
불확실한 내일을 불안한 눈으로 보거나
혹은
불확실한 내일 중에 다가올 행운을 기대하거나
너는 둘 중 어느 것을 선택할래?

나는 아직도 나 자신의
몇 분의 일도 알지 못하고 있다
그러므로 산다는 것에 설렘을 느낀다

― 제임스 딘

언젠가는 너에게도
너의 차례가 올 거야
행운이 들이닥치고
새로운 기회가 문을 두드리는
그런 봄날이 너에게도 찾아올 거야
다른 사람에게 그랬듯
너에게도 그런 봄날이 다가올 거야
봄이 올 때까지
우리 이 겨울을 참고 이겨내자

겨울은 영원히 지속되지 않는다
봄이 순서를 건너뛰는 법도 없다

— 할 볼란드

어떻게 해서든
살아 있자
그래도, 그럼에도 불구하고
살아 있자
일단은 살아 있자
살아 있다는 것 자체가
아직 기회가 남아 있다는
뜻이니까

때로는 살아있는 것조차도
용기가 될 때가 있다

— 세네카

계속 움직여야 해
실수를 하더라도
좌절을 겪더라도
그래도 움직여야 해
멈추어서 주저앉아 버리면
다시 일어나기 얼마나 힘든지
너도 알고 있잖아
힘들어도 멈추지 말고
계속해서 움직여
목적지에 너의 깃발을
꽂을 때까지

인생은 자전거를 타는 것과 같다
균형을 잡으려면 움직여야 한다

— 알베르트 아인슈타인

2장

흐릿한 정신 번쩍
에스프레소

슬럼프
내일 해가 떠오르고 지는 것만큼이나
네가 자주 만나는 일이지
열정은 어느새 희미해지고
나태함과 게으름이 너의 일상을 잡아먹지
하루하루가 의미 없는 것 같고
그저 빨리 해가 지고 잠이 들기만을 고대하며
소중한 시간들을 낭비하지
물론 정말 일이 안 풀릴 때도 있어
노력이 아직 싹을 틔울 만큼 충분해지지 않아서
죽을 쒀야 할 때도 있지
하지만 정말 넌 슬럼프에 빠진 거야?
아니면 슬럼프에 빠지고 싶은 거야?
네 속의 게으름과 나약한 의지와 도망가고 싶은 마음을
슬럼프라고 포장하고 있는 거 아니야?

부족한 점에 대해 젊음을 핑계 대지 말라
또한 나태함에 대해 나이와 명예를 핑계 대지 말라

— 벤저민 헤이던

아무것도 열망하지 않고
아무것도 행동하지 않고
아무것도 노력하지 않으면서
원하는 것을 얻을 수 있을 거라 생각해?
열망도, 행동도, 노력도 없는 자의 소망이란
길거리에 굴러다니는 돌멩이보다도 못해
그런 소망들은 아무짝에도 쓸모가 없어
무가치한 인생을 살면서
그저 그렇게 먹고 싸고 자면서
네 인생 허비할래?
그렇게 살다가 죽으면
정말 좋을까?

오늘의 식사는 내일로 미루지 않으면서
오늘 할 일은 내일로 미루는 사람이 많다

— 카를 힐터

너 자신조차 너에게 아무것도 기대하지 않으면서
네 인생에 어떤 좋은 일이 일어나길 바라고만 있니?
설마 하늘에서 무언가 특별한 기적이라도
일으켜 주길 바라는 거야?
단지 너를 위해서?
굳이 너를 위해서?
그런 일이 절대 일어나지 않을 거라는 건
이미 너도 알고 있잖아
기적을 만들어야 할 사람은
너 자신인데
네가 기대해야 할 기적의 원인은
바로 너 자신인데
도대체 넌 너 자신을 보지 않고
어딜 보고 있는 거야?

당신이 그 일을 해내려고 한다면
먼저 당신 스스로가 해낼 수 있다고
기대할 수 있어야 한다

—마이클 조던

보람도 없고

즐거움도 없고

가치도 없고

기쁨도 없는

그런 일, 그런 직업을 선택한 건 너야

어쩔 수 없이 선택했다고 너는 말하겠지만

정말 어쩔 수 없었다고 말하려면

너는 네 인생을 위해 뭐라도 했어야 했어

적어도 할 수 있는 건 다 해봤어야 했어

그런데 너는 잔뜩 겁먹고는

제대로 무언가를 해보지도 않고

나중으로 미루고 미루다가

결국 아무것도 하지 않았지

정말 이렇게 살다 죽을 거야?

지금의 삶에 정말 만족해?

네가 죽을 때

"정말 가치 있는 삶을 살았어"

이런 말할 자신 있어?

너도 알고 있잖아

지금처럼 계속 살아간다면

죽을 때 네가 무얼 후회할지 말이야

그저 멍하니 앉아서 조용히 절망하며 살지 마

적어도 그게 너에게 주어진 네 운명은 절대 아니니까

대부분의 사람들이
고요한 절망 속에서
인생을 살아간다

— 소로

너는 지금 어디로 가고 있어?

네가 가고자 하는 곳은 어디야?

네 삶의 목적은 뭐야?

너는 어떻게 네 삶을 가치 있게 만들 거야?

꿈은?

목표는?

계획은?

설마 아무것도 없는 건 아니겠지?

정말 아무것도 없다면

너는 반드시 실패할 거야

인생은 자기가 어디로 가야 할지도 모르는 사람에게

길을 열어줄 만큼 그렇게 친절하지 않거든

너도 알고 있잖아, 인생이 얼마나 잔인한지 말이야

너의 길을 찾을 그 무엇도 가지고 있지 않다면

지금 네가 해야 할 것은 방황이 아니라

가만히 앉아서 너 자신에 대해 연구하는 거야

너 자신을 알아야

어디로 가야 할지도 알게 될 테니까

인간은 재주가 없어서라기보다는
목적이 없어서 실패한다

— 빌리 선데

조금 더 재능이 있었으면
조금 더 경제적인 상황이 좋았으면
조금 더 잘생겼으면
조금 더 예뻤으면
조금 더
조금 더
언제까지 조금 더만 말하고 살 거야?
조금 더 바란다고 조금 더가 생기나?
안 생기잖아
아무리 고민해도 안 바뀌는 걸 왜 고민하는 거야 도대체?
너는 지금 어떻게 난관을 헤쳐나가야 할지 고민할 때야
이제 그따위 쓸데없는 생각은 집어치우고
생산성 있는 고민을 좀 하는 게 어때?
밤새 고민한다고 키가 클 리가 없잖아
그따위 답도 없는 고민은 해서 뭐해?
고민을 할 거면 고민다운 고민
생산적인 고민을 해야 해
언제까지 멍청한 고민만 늘어놓고 있을 거야?

어디로 가고 있는가?
그곳에 도달하기 위해
오늘 무엇을 했는가?

— 토마스 헨리 헉슬리

오늘 너는 무얼 했지?
오늘 너는 너 자신을 위해서
너의 미래를 위해서 무엇을 했지?
실컷 게으름을 즐기면서
내일 일은 어떻게든 되겠지 하며
맘껏 여유를 부리셨나?
그따위로 살다가는
언젠가 되돌릴 수 없을 만큼
인생을 망쳐 버릴 걸
실은 너도 그걸 알고 있잖아
지금 네가 망해가고 있다는 걸
오늘 네가 보낸 하루는 가볍지 않아
최선의 결과란
최선을 다한 하루들이 모여서 만들어지는 거야
너는 정말 오늘 하루 최선을 다했니?
최선을 다하지 않았다면
네가 얻을 결과란
아마도 불행한 인생과 좌절로 얼룩진 삶 뿐이겠지

겨울이 우리에게 묻는 날이 있을 것이다
여름에 무엇을 했느냐고

— 체코슬로바키아 속담

성장은 하루아침에 이루어지지 않아
매일매일 반복하고 또 반복하다 보면
어느 날 문득 성장해 있는 자신을 발견할 수 있지
문제는 네가 정말 미치도록 지겨워 질 때쯤이거나
아니면 2~3번쯤 포기하고 다시 시작한 다음쯤에야
성장한 자신을 발견할 수 있다는 거야
그리고 무엇보다 분명한 것은
네가 충분히 괴로워야 한다는 거지
고통, 괴로움, 절망, 좌절감의
절대량이 차야지만
너는 성장할 수 있어
너는 성장할 만큼
충분히 너 자신을 괴롭게 만들고 있어?

오늘은 힘들고
내일은 더 힘들 것이다
그러나 모레는 아름답다

— 잭 마윈

오늘 해야 할 일을
내일로 미루면
그 일을 누가 다른 사람이 나타나서
대신해줄 거라 기대하며 사는 멍청이가
바로 너지
오늘 할 일이든
내일 할 일이든
결국 그 일을 해야 할 건 너잖아
게으름 피운다고
그 일이 사라진다면
게으름을 피워
하지만 그게 아니라
점점 더 일거리가 쌓여갈 뿐이야
오늘 해야 할 일은 오늘 안으로 끝내버려
그러면 적어도 내일은 아주 조금이라도
더 여유가 생길 것 아니겠어

가장 바쁜 사람이
가장 많은 시간을 가진다

— 알렉산드리아 피네

열정, 너는 열정의 진정한 의미를 알고 있어?
정말로 모든 것을 쏟아붓는
그런 열정과 최선을 해 본 적이 있어?
네가 누구에게라도 떳떳하게
부끄럽지 않을 만큼 노력했다고 말할 수 있는
그런 경험이 한 번이라도 있어?
만일 네가 단 한 번도 그런 경험이 없다면
재능이 없다느니
상황이 안 좋았다느니
하는 그런 변명들을 해서는 안 돼
적어도 네가 너 자신을 변호하려면
변호할 만한 최소한의 근거는 있어야 하잖아
최선을 다하지 못한 자에게는
자신을 변호할 권리조차
주어지지 않아

행운이란 100% 노력한 뒤에 남는 것이다

— 랭스턴 콜만

자존심이 밥 먹여 주니?
너는 사람들에게 아부 떠는 사람들을
뒤에서 보고 욕하며
'나는 저런 식으로 하지 않겠어'라고 말하며
혼자 대단히 청렴한 선비인 척하고
있는지 모르겠지만
지금 네가 하고 있는 짓은
독야청청하는 게 아니라
그냥 혼자 바보짓 하고 있는 거야
아부 떠는 게 뇌물 주는 거야?
아부 좀 떠는 게 불법이야?
네가 보기엔 아부지만
사실 그냥 말 한마디일 뿐이잖아
그저 친절한 말 한마디일 뿐이지
말 한마디 곱게 하는 게 그렇게 어려워?
말 한마디 예쁘게 해주는 게 자존심 상하는 일이야?
네가 지는 것 같아?
네가 '을'이 되는 것 같아 불쾌해?
사람들을 기분 좋게 해 주는 게
왜 자존심이 상하는 일이야?
그게 왜 너에게 불쾌한 일이 되는 거지?
그저 말 한마디 친절하고 예쁘게 하면 그뿐이야
아부도 아니고
자존심 상하는 일도 아니야

그런 일에 정말 자존심이 상한다면
그런 불량 자존심은 빨리 버리는 게 나을 거야

친절한 말은 봄볕과 같이 따사롭다

—러시아 속담

인생을 조금 더 풍성하게 만들고 싶다면
배우는 것을 즐겨
물론 네가 무언가 배우는 것을
좋아하지 않는다는 걸 알아
하지만 네가 단지 게을러서
배우는 것을 싫어하는 것은 아니잖아
처음 무언가를 배울 때
너는 낯선 환경을 경험해야 하지
낯선 체육관
낯선 학원
낯선 사람들
그런 곳에서 너는 초보자 티를 풀풀 내며
어색한 동작과 행동을 해야 하지
그런 너의 모습이
조금은 자존심 상하고 짜증도 나겠지
하지만 실은 아무도 너를 신경 쓰지 않아
네가 초보자든 베테랑이든
아무도 널 신경 쓰지 않는다고
널 신경 쓰는 건 너뿐이야
네가 실수를 하면 사람들이 너를 보고 웃을 것 같지만
사실 그들은 자기 할 일에 바빠
네 얼굴도 제대로 기억 못 해
그리고 무엇보다
고작 그런 이유로 네 인생을 풍성하게 만들

기회를 놓치겠다고?
그거야말로 정말 인생 초보자 같은 생각 아닌가?
무언가를 배울 수 있다는 건 정말 행운이야
그러니 배울 수 있을 때 배워
제발 좀

새로운 것을 배우고
뭔가 새로운 것을 시도해 보라
그리고 멋진 실수를 하라

— 다니엘 핑크

매사에 까칠하고 부정적인 놈들이

하는 가장 큰 착각이

자기가 굉장히 똑똑하다고 생각하는 거야

왜 그런지는 모르겠지만

자기네들이 굉장히 이성적이고

합리적이라고 생각하지

부정적인 게 똑똑한 거야?

부정적인 게 현명한 거야?

부정적인 게 지혜로운 거야?

부정적인 태도로는 아무것도 해결할 수 없어

부정적인 태도는 간단히 말해

"이 문제는 너무 대단해서 절대 해결할 수 없어"

"이제 우린 망했어 우린 이제 다 끝났다고"

하고 말하는 거야

그냥 이게 다지

부정적이기 위해 노력할 필요도 없어

우리는 그냥 가만히 있으면 부정적이잖아

이제 부정적인 태도 따위는 걷어치워 버려

억지로라도 긍정적인 생각과 태도를 가지려고 노력해야 해

모든 게 끝이라고 생각해 버리는 순간

절대 해결할 수 없다고 생각하는 순간

진짜 모든 게 끝나 버리니까 말이야

낙관주의자란,
봄이 인간으로
태어난 것이다

— 수잔 비소네트

네 인생이 꼬인 게
무조건 네 탓인 것만은 아니지
하지만 꼬인 네 인생을 풀어야 하는 건
무조건 너야
누가 나타나서 네 인생을 풀어 주겠어?
다들 자기 인생 풀기도 힘들어 죽는데
다른 사람에게 기대 같은 거 하지 마
네 기대 따위 관심도 없으니까
그러니까 그냥 네가 풀어

나만이 내 인생을 바꿀 수 있다
아무도 날 대신해 해줄 수 없다

— 캐롤 버넷

우울해?

무기력해?

아무것도 하고 싶지 않아?

네가 죽고 싶을 만큼 괴로워도

뒤에서 미친개가 쫓아오면

온 힘을 다해 도망치지 않을 수 있을까?

죽고 싶다는 생각이 한순간에

살고 싶다로 바뀌어 버릴 걸

아무리 죽고 싶다 해도 사나운 개에게

물리는 건 아프니까

넌 죽고 싶은 게 아니야

넌 진짜 우울하고 무기력한 게 아니냐

실은 그냥 아프고 싶지 않은 거야

이제 그만 아프고 싶은 거잖아?

너무 지치고 힘들어서

그 지침에서 그 힘듦에서

벗어나고 싶은 거잖아

아프고 싶지 않은데

더 이상 아프고 싶지 않은데

아프지 않을 방법을 모르니까

우울하고 무기력하다고 느끼는 거야

사나운 개에게서 더 이상 아프고 싶지 않다면

방법은 단 하나밖에 없어

담대하게 싸워서 사나운 개를 죽이는 거야

너를 아프게 만드는 그것들과
맞서 싸워
개를 죽일 수 없다면
너만큼 괴롭게 너만큼 아프게 만들어 버려
그러면 적어도 네 마음의 응어리라도 풀어질 테니

불행은 대개 고민이나 번뇌를 할
시간적 여유를 주기 때문에 생겨난다

― 토마스 풀러

사람들은 자기가 원하는 것을
남에게 강요해
왜지 알아?
자기가 원하는 것을
얻기 위해서는 그만한 대가를
치러야 하는데
자기가 치를 배짱도 용기도 없으니까
너한테 다 덮어씌우는 거지
네가 대가를 지불하라고 말이야
물론 처음에는 너도 반항을 조금은 했을 거야
난 내가 원하는 것을 얻겠노라고
하지만 너의 행동에 사람들은 너를 공격했겠지
네가 우리를 불행하게 만든다고
너 때문에 모두가 불행해진다고 말이야
정말 너 때문에
다른 사람들이 불행해질 수 있다고 생각해?
네가 누군가를 불행하거나
행복하게 할 수 있다는 생각은
완전한 착각이고 오만이야
인간은 누구도 다른 사람을
불행하거나 행복하게 할 수 없어
네가 불행한 건 네 탓이야
네가 행복한 것도 네 덕분이지
그럼 그들이 불행한 건 누구 탓이겠어?

다른 사람의 생각에 인생을 맞춰가는 것은
노예나 다름없다

— 라와나 블랙웰

너를 망치는 습관이 무언지
너도 알고 있잖아
알고 있는 잘못을 바꾸지 않는 건
네 인생이 그만큼 소중하지 않다는 뜻인가?
네가 네 인생이 정말 소중하다면
너는 왜 네 인생을 소중하게 다루지 않는 거지?
너에게 네 인생이란
나쁜 습관을 바꾸고 싶을 만큼
가치 있는 것은 아니란 거야?
정말로 네가 네 인생을 가치 있게 여기고 소중하다면
적어도 네 인생을 망치는 사소한 습관들 정도는
고칠 수 있어야 하지 않을까?

여러분에게 허물이 있다면,
버리기를 두려워하지 말라

—공자

이불을 차고 싶을 만큼
부끄러운 기억이 없다면
그 일을 너는 내일 하게 될 거야
네가 한 행동을 후회할 필요 없어
어차피 넌 언젠가는
그 행동을 했을 테니
시기의 차이만 있을 뿐이야
중요한 건
다시는 그런 바보 같은 행동을
내일 반복하지 않는 거지
부끄러움에 이불을 찼다면
잘 된 거야
적어도 넌 다시는
그런 행동 따위를 하지 않을 테니

절대 어제를 후회하지 말라
인생은 오늘의 나 안에 있고
내일은 스스로 만드는 것이다

— 론 허바드

너는 완벽한가?

당연히 너는 완벽하지 않지

완벽함에서 아주, 굉장히, 한참이나 멀어

네가 완벽함에서 아주 멀다는 건

분명하고 확실한 사실이야

그런데 그런 네가

어떻게 실수하지 않고 살 수 있을 거로 생각해?

실수 좀 했다고

너 자신한테 짜증 내고 화내는 건

조금 이상하지 않아?

어차피 넌 완벽함과 아주 거리가 먼데 말이야

설마 네가 완벽한 인간이라고 생각하는 건 아니겠지?

뭘 새삼스럽게 화내고 그래?

네가 실수하는 건 자연의 섭리와 같은 거야

그러니 실수 같은 거 한다고 자신한테 화내지 마

아침마다 해가 뜬다고 화를 내는 것과 같은 짓이니까

인생에서 저지를 수 있는 가장 큰 실수는
실수할까 봐 끊임없이 두려워하는 일이다

— 엘버트 허바드

네가 두려워하는 것으로부터
너는 도망칠 수 없어
네가 그것을 두려워하는 것은
네가 도망칠 수 없다는 것을
너 스스로 잘 알고 있기 때문이잖아
도망칠 수 있다면
처음부터 두려워하지도 않았겠지
물론 도망치기 위해 노력해서
도망칠 수 있다면
도망치는 것이 가장 현명한 방법일 거야
도망칠 수 있다고 생각되면
도망쳐
열심히, 최선을 다해서 도망쳐
하지만 사실 넌 도망치고 싶지 않잖아

성숙한다는 것은
다가오는 모든 생생한 위기를 피하지 않고
마주하는 것을 의미한다

— 프리츠 컨켈

30년 후를 생각해봐
네가 지금 하고 있는 일을
30년 동안 계속한 후에
너에게 무엇이 남아 있을지를 생각해봐
눈을 감고 30년 후를 상상해봐
어떤 모습이 그려져?
가치 있는 삶을 살았다는
자부심이 느껴진다면
너는 정말 괜찮은 삶을 살고 있는 거야
너는 어떤 어려움이 닥치더라도 그 일을
계속해야만 해
하지만 허망함, 후회가 느껴진다면
빨리 그곳에서 도망쳐
물론 너는 그곳에서
생존에 필요한 것들을 얻을 수는 있겠지만
네 삶에 대한 자부심, 가치 있다고 여겨지는 삶은
얻을 수 없을 거야
생존만으로도 만족한다면
그곳에 있어도 좋아
하지만 정말 너는 생존에만 만족할 수 있을까?
정말 너는 그럴 수 있어?

후회하기 싫으면 그렇게 살지 말고
그렇게 살 거면 후회하지 말라

이문열, 《젊은 날의 초상》 중에서

'오늘 하루 동안 내가 무얼 하며 살았지?'
라는 생각이 들었다면
그 답은 간단해
너는 아무 의미 없는 하루를 보낸 거야
의미 있는 하루, 가치 있는 하루를 보낸 사람은
하루의 끝에 가슴 충만한 만족감을 느낄 수 있기에
애초에 그런 질문 자체를 하지 않게 되거든
오늘 하루 너는 너 자신을 위해서
너의 미래를 위해서 무엇을 했지?
너는 지금 무엇을 향해 달려가고 있어?
너는 지금 무엇을 준비하고 있어?
너는 훈련되거나 혹은 단련되고 있어?
너는 지금 성숙되어 가고 있어?
만일 이 질문들에 대한 대답이 모두
'無'라면 네 인생도 '無'야
아무런 의미도, 가치도 없어
그냥 숨만 쉬고 사는 거지
아무런 꿈도, 목표도 없이
아무것도 준비하지 않고
아무것도 훈련하지 않고
그저 멍하니 생존만 하며 살고 있는 거야
너는
언제까지 그렇게 살 거야?
지금 삶에 정말 만족해?

인생은 곱셈이다
어떤 찬스가 와도 내가 제로면
아무런 의미가 없다

— 나카무라 미츠루

이상한 사람들이랑 어울리지 마
이상한 사람들이라고 해서
미친놈들만 말하는 게 아니야
예의 없고
절제 없고
술, 담배에 쩔어 살고
자기 관리 안 되고
미래에 대해 심각히 부정적이고
정치병에 걸렸거나
혹은 상식을 벗어나는 가치관을 가졌다면
그런 사람들은 피해야지
왜 같이 어울리고 있어?
설마 그 사람들이 좋은 건 아니겠지?

지략이 풍부하지 않은 사람과 어울리기엔
삶은 매우 짧습니다

— 제프 베조스

네 안에 무엇이 있는지
네 안에 어떤 별이 숨어 있는지
너는 많은 사람들에게 보여 주고 싶을 거야
인정받고 싶으니까
하지만 사람들은 너를 인정해 주지 않을 거야
왜?
질투 나니까
네가 네 안에 빛이 있다고
말하는 순간
너는 사람들을 적으로 돌리는 거야
사람들이 정말 순수하게
네가 잘 되기를 바라고 너를 인정해 주길 바래?
이것 봐, 이 나라의 사람들은
경쟁의 민족이야
경쟁에서 무조건 이겨야 만족하는
인간들로 가득 차 있어
네가 너의 빛을 말한다는 건
그들 입장에서 '네가 그들을 이길 수 있어'
라는 말이야
그들이 퍽이나 너를 좋아하겠다
네 안의 빛이 스스로 존재감을 발할 때까지
그 입을 닫아
쓸데없이 불필요한 적을 만들지 마

내 안에 빛이 있으면
스스로 빛나는 법이다

― 알베르트 슈바이처

남들이 너를 사랑해 주지 않는다고 징징대지 마
그들이 왜 너를 사랑해야 하지?
그들이 왜 너를 배려해야 하는데?
네가 뭔데?
그러는 너는 그렇게 사랑이 넘치니?
그들을 사랑해?
그들을 항상 배려하고 친절을 베풀어?
사람들에게 네 기대대로 요구하지 마
그들은 너의 기대대로 행동해야 할
어떤 책임도 의무도 없어
사람들은 네가 바라는 대로 움직여 주는 로봇이 아니야
그리고 그건 너에게도 마찬가지야
너 역시 사람들의 기대대로 움직여 줘야 할
그 어떤 의무도 책임도 없어
너 역시 그들이 만든 로봇이 아니니까
네가 항상 모든 사람들을 사랑해야 하는 건 아니야
모든 사람들에게 친절하고 배려를
베풀어야만 하는 건 아니야
누군가 너에게 그런 걸 당연한 듯이 요구하면
당당하게 그 사람에게 말해
누구 좋으라고

네가 모든 사람들을 사랑할 수 없듯이
모든 사람들이 너를 사랑할 수도 없어

두려움에 잠식되어서도 안 되지만
두려움이 없어서도 안 돼
두려움은 위험을 알려주는 경고등이거든
아무것도 두려워하지 않는 것은 경고등을 끄는 것과 같아
경고등에 불이 들어온다고 해서
아무것도 못 하고 얼어붙어 있는 것은 문제이지만
그렇다고 해서 경고등을 꺼버린다면
그것은 더 큰 문제야
두려움에 휩싸여 아무것도
시도해 보지 않은 삶도
두려움을 모르는 극단적 긍정주의도
잘못되긴 매한가지야
두려움의 경고등을 켜두되 두려움에 휘둘리지도 마
어느 것에도 빠지지 말고
중용을 유지할 수 있다면
너는 두려움을 정복할 수 있을 거야

용기란 두려움에 맞서고 정복해 내는 것이다
두려워하지 않는 것이 아니다

— 마크 트웨인

사람과 다른 동물들의 차이점이
뭔지 알아?
그건 상황에 구속되지 않는다는 점이야
동물들은 상황에 구속되어 있어
두려운 상황에서 두려워하고
슬픈 상황에서 슬퍼하지
그들은 상황을 반전시키지 못해
그들은 어떤 상황에 부닥치면
그 상황에 맞게 본능대로만 행동하지
하지만 인간은 아니야
인간은 두려운 상황에서 용기를 낼 수 있어
슬픈 상황에서 눈물을 흘리지 않을 수 있지
어떤 상황에서도 인간은 평정심을 유지할 수 있어
그게 인간이야
본능대로만 움직이는 인간
상황에 따라서만 움직이는 인간은
인간이 아니야
그건 그냥 동물일 뿐이지

상황은 사람을 구속하지 않는다
단지 그 사람의 됨됨이를 드러내 줄 뿐이다

인연은 강물과 같아
어떤 인연도 네 옆에

평생 머물러 있지 않아
흘러가고 흘러가고 흘러가 버리지
잡으려고 하지 마
어차피 안되는 거
충분히 경험해 봐서 알잖아
흘러가 버린 인연을 돌아보며 아쉬워도 하지 마
지금의 소중한 인연들도
한때는 전혀 상상하지 못한 인연들이었잖아
그런데 왜 앞으로는 다시 그런 인연들이
찾아들지 않을 거로 생각하는 거야?
더 좋은 인연
더 소중한 인연
더 빛나는 인연은 다시 찾아올 거야
그러니 보내줘야 할 인연들은
편히 보내줘

행복의 한쪽 문이 닫히면
다른 쪽 문이 열린다

— 헬렌 켈러

고통과 고난은
잠든 너를 깨우는 누군가의 외침이야
정신 차리라고
네 인생이 수렁에 빠졌다고
네 인생이 망가지고 있다고
네가 불행하다고 느낄 때
너의 삶이 고통으로 점철될 때
너는 자포자기해 버리는 것이 아니라
그 어느 때보다
맑은 정신을 가져야 해
고통을 이겨낼지
고통에 잠식당할지는
고통에 대한 너의 태도에
달려 있다는 것을 명심해

불행에 빠져야 비로소 사람은
자기가 누구인가를 깨닫게 된다

— 슈테판 츠바이크

인생에 시련이 없다면
인생에 고난이 없다면
인생에 아픔이 없다면
너는 인내심을 가질 수도
너의 의지를 강하게 할 수도
작은 것에 감사하는 마음을 가질 수도 없어
너의 삶은 평탄할지라도
너의 영혼과 인격은 썩고 곪아 가게 될 거야
시련을 감사할 수는 없을지라도
시련이 너에게 반드시 필요한 것이라는 것만큼은
시련 없이는 성장할 수 없다는 사실만큼은
인정하고 받아들여
시련을 인정하고 받아들이면
시간이 흐른 후에
그것들이 얼마나 소중한 기회였는지를
깨닫게 될 거야

의지가 굳은 사람은 행복할지니,
너희는 고통을 겪겠지만
그 고통은 오래가지 않을 것이다

— 알프레드 테니슨

힘들다고 징징대지 좀 마
징징댄다고 힘든 일이 사라져?
힘들다
괴롭다
죽을 것 같다
어쩌라고?
네 선택은 딱 두 가지뿐이야
널 힘들게 하는
거지 같은 그 무언가를 박살 내던가
수긍하고 받아들이던가
이도 저도 아닌 채로
아무것도 선택하지 않으면서
불평만 늘어놓는 짓거리 따위는
이제 그만 좀 해

우리는 불행을 딛고
그 속에서 새로운 길을
발견할 힘이 있다

— 오노레 드 발자크

너에게 주어지는 기회가 희박할지라도
적어도 한 가지 확실한 것은
한 번쯤은 반드시 기회가 주어질 것이라는
사실이야
그런데 넌 준비가 되어 있나?
너에게 주어질 단 한 번의 기회를 잡을 준비가 되어 있어?

삶의 성공의 비결은
기회가 왔을 때
잡을 준비가 되어 있는 것이다

— 벤자민 디즈레일리

너는 매일매일 바쁘게 지내고 있지만
네가 왜 바쁜지, 왜 바빠야 하는지
무얼 위해 바쁜지 모르고 있다면
너의 바쁨은 그야말로 쓸데없는 성실이야
네가 성실한 것은 물론 좋은 일이야
하지만 성실은 그저 성실일 뿐이야
성실한 것 자체가 성과는 아니잖아
그저 성실하기만 한 것은
아무런 의미도 없어
너는 도대체 무엇을 위해 성실한 거니?

월요일이 나쁜 게 아니야
월요일 아침 눈을 뜨는 것이
네 인생에 가장 잔혹한 일이라면
너는 평생 행복이나 만족감, 보람 같은 것은
느낄 수 없을 거야
지금 하고 있는 일이
네 영혼을 짓누르고
네 육신을 병들게 한다면
그 일을 이제 멈춰
그런 일 따위는 이제 집어치우라고
단지 생존 때문에 그런 일을 하는 건
매일 너 자신에게
조금씩 독을 먹이는 것과

같은 일이야
너는 이렇게 매일 하고 싶지 않은 일을 하면서
죽어가고 있잖아

침상에 누울 때, 내일 아침 일어나는 것을
즐거움으로 여기는 사람은 행복하다

— C. 힐티

왜 이렇게
오지랖 넓은 인간들이 많은 걸까?
시답지도 않은 충고를
도대체 왜 그렇게 많이 하는 건지 모르겠어
제발 그 입 좀 닫아 주면
지금보다 조금 더 살 만할 것 같은데 말이야
다른 사람들의 쓸데없는
충고에 흔들리지 마
그 사람들은 그냥 자기 인생에
재미있는 일이 너무 없어서
흥미진진한 네 인생을 가지고 놀고 싶어 하는
사람들일 뿐이야
그 사람들이 너에 대해 아는 건
개미 눈물만큼도 없어
누군가 계속해서 너를 흔들어 대려는 사람이
있다면 그냥 연을 끊어버려
평생 네 인생에 독이니까

수많은 꿈이 꺾인다
현실의 벽이 아니라
주변의 충고 때문에

— 하상욱, 〈충고의 벽〉

안정적인 인생은 없어
공무원이 되면
대기업에 들어가면
안정될 거 같아?
네가 금수저나 적어도 은수저쯤 물고 태어나
도박과 사치에 물들지 않을 만큼
어리석은 인간이 아니라면 모를까
그렇지 않다면
네 인생에 안정은 없어
그런 건 네 인생에 없을 테니까
얻을 수 없는 건 바라보지도 마
아무것도 아닌 너는
아무것도 아니기에
언젠가는 모험을 해야 해
그 모험에서 도망치려 해도 어쩔 수 없어
자발적으로 하든 강제적으로 하든
결국 언젠가는 해야 해
만일 언젠가 해야 한다면
지금부터 시작해
최소한 지금부터 준비라도 해야 해
강제로 하게 될 때에는
준비할 시간조차 주어지지 않을 테니까

인생은 과감한 모험이던가
아니면 아무것도 아니다

— 헬렌 켈러

인생은 한 번이야
하고 싶은 게 있다면
저질러 버려
네가 죽기 전에
후회할 것은
네가 오늘 아무것도 하지 않은 것뿐이야
맘에 드는 사람이 있다면
다가가서 말이라도 걸어봐
꿈이 있다면
너와 같은 꿈을 이룬 사람들을 찾아가
어떻게 하면 꿈을 이룰 수 있을지라도 물어봐
말이라도 걸고
조사라도 해야
뭐든 될 거 아니겠어
맨날 가만히 앉아서
도대체 뭐 하는 거야?
그런다고 네 인생에
뭐가 생기니?
하루하루 갈수록
인생만 안 좋아지지
그냥 저질러 버려!

아무튼 저지르고 봐야 돼
이게 옳다
실행해야겠다 하면
그럼 그때 해야 돼

—〈꽃보다 할배〉 중 신구

옆에 없다고 약해질 사랑이면
그런 연애는 해봤자 소용이 없어
외부적인 어려움을 함께
극복하는 것이 사랑이지
어려움에 굴복하는 게 사랑은 아니잖아
사는 게 얼마나 빡빡한지
너도 이미 너무나 잘 알잖아
조금 어렵고 힘든 일이 있다고
금세 약해지고 지치는 사랑이면
사랑이 아닌 거지
그게 무슨 사랑이야?
외로움이 두려워서
사랑도 아닌 사랑을 억지로 붙들고 있지 마
어차피 그런 사랑이
너를 행복하게 해주지는 못할 테니까

상대가 멀리 있을 때
보통 사랑은 점점 줄고
큰 사랑은 점점 커져간다
바람이 불면 촛불은 꺼지고
큰 불꽃은 더욱 거세지는 것처럼

— 프랑수아 드 라 로슈푸코

세상도

다른 사람들도

절대 변하지 않아

그들이 왜 변하겠어?

변화, 특히나 긍정적인 변화는

고통을 수반해

사람들은 고인 물처럼

정체되고 싶어 하지

절대 움직이고 싶어 하지 않아

그들을 변화시킬 수 있을 거라는

자만감은 하루빨리 버리는 게 좋아

가장 실제적인 문제는

그들이 변하지 않는 것이 아니라

너조차도 변화를 싫어한다는 거지

성장하고 발전하기 위해

너 자신을 채찍질하고

반성하고 성찰하는 것 자체를 싫어한다면

너도 언젠가는 고인 물이 되어

정체되고

썩어가겠지

벌써 썩어가고 있는지도 몰라

몇 년 안에 네 안에서 악취가 날지로 모를 일이지

멈춰 있지 마

고여 있지 마

정체되지 마
무거운 엉덩이를 일으켜 세워
끊임없이 움직이고 변화를 시도해
지속적인 변화와 성장을 추구하는 태도야말로
진짜 철밥통이니까

아무것도 변하지 않을지라도
나 스스로가 변하면 모든 것이 변한다

— 오노레 드 발자크

다른 사람들이 너에게
너는 할 수 없다고 말한다고 해서
너까지 그따위로 말하는 건
너 자신과 네 인생에 대한 모독이야
왜 할 수 없다고 말해?
왜 못 한다고 말해?
왜 안 될 거라고 말해?
너는 자존심도 없니
남들이 할 수 없다, 못한다, 안된다
라고 말하면
억지로라도
"할 수 있다"
"나는 해낼 수 있다"
"나는 자신 있다"
라고 말해야 되는 거 아니야
두 번 다시 못한다, 할 수 없다는 말 따위는
절대 하지 마
두 번 다시 너 자신을 모욕하지 마
너는 할 수 있는 사람이야
너는 해낼 수 있는 사람이야
너는 반드시 성취해낼 수 있는 사람이야

'할 수 있다'라고 말하다 보면
결국 해내게 된다

— 시몬 쿠퍼

세상은 악해

세상은 절대 선하지 않아

세상은 천국이 아니야

세상은 네가 강해지기보다

약해지길 바라고

네가 꿈을 이루기보다

실패하길 바라고

네가 자신감을 잃고 도망가길 바라고 있어

세상은 맹수와 같아서

언제나 널 물어뜯어 잡아먹을 기회만

노리고 있지

네가 자신감을 잃은 순간

네가 희망을 포기하는 순간

네가 어쩔 수 없다며 체념하는

바로 그 순간 세상은

너의 뒤에서 날카로운 송곳니를 드러내며

너를 덮칠 거야

세상 앞에서 약한 모습 보이지 마

세상 앞에서 우는 모습 같은 거 보여주지 마

그 순간 너는 먹잇감이 되어버리니까

나에 대한 자신감을 잃으면
온 세상이 나의 적이 된다

랄프 왈도 에머슨

다른 사람을 동경하고 존경하기 이전에
너 자신부터 존경해
너도 힘들게 살았잖아
네 인생도 진짜 안 좋았잖아
간디만 대단해?
너도 대단해
네 인생도 쉽지 않았어
네 인생도 평탄하지 않았어
그렇게 힘든 인생
지금까지 포기하지 않고 꿋꿋이 살아왔으면
너도 정말 대단한 사람인 거야
다른 사람을 존경하는 만큼
너도, 네 인생도 존경해
너는 충분히 존경받을 만한 사람이니까

스스로를 존경하면
다른 사람도 그대를 존경할 것이다

― 공자

부족하고
모자라고
바보 같고
늘 어리석고
늘 멍청한
너를 위해
용기를 내
아무것도 없는 너
아무것도 해낸 것이 없는
아무것도 기댈 것이 없는
너이니까
더욱 용기를 내야 해
오직 용기만이
너를 지탱할 수 있는
유일한 기둥이니까

커다란 나무로 성장하게 되는 씨앗은
천재성이나 영감이 아니라, 바로 용기야

인생의 의미는 네가 만드는 거야
남이 만들어준 건 네 것이 아니라
남의 것일 뿐이야
네 인생을 남의 것으로 채워 놓을 셈이야?
네 인생의 공간들을 다른 사람들에게 빼앗기고 싶어?

다른 사람들이 만들어 놓은 것들을 보면서
과연 네가 얼마나 네 삶의 의미를 찾을 수 있을까?
네 삶을 빼앗기지 마
네 삶의 공간들 속에 무엇을 채워 넣을지
네가 판단하고 결정해
설령 아무것도 채워 넣지 못할지라도 상관없어
비우든 채우든 적어도 네가 스스로 선택한 거라면 말이야
네 인생을 탐내는 인간들에게
빨리 꺼지라고 해

인생이란 타인이 내게 준 의미가 아니라
내가 만든 나의 의미로 흔적을 남기는 것

— 심승현, 《파페포포 안단테》 중에서

한 번의 실패에
한 번의 좌절에
모든 것을 포기해 버린다면
애초에 시작조차 하지 않는 것이 나을 거야
절망하지 마
너의 실패가 네가 잘못되었다는 의미는 아니니까

실패는 그저 다시 시작할 수 있는 기회다
이번에는 좀 더 똑똑하게 처리하라는

— 헨리 포드

끊임없이
생각하고
계획하고
행동하지 않으면
동물들처럼
아무 계획도 없이
하루하루를 무의미하게
보내게 되어 버릴 거야
한마디로 말해
그냥 생존만 하는 거지
삶이 아닌 단순한 생존만 하며
살고 싶지 않으면
지속적으로 생각하고 계획하고 행동해

생각하는 대로 살지 않으면,
사는 대로 생각하게 된다

— 폴 발레리

세상 한가운데
너 혼자 있는 것이 두렵겠지만
사실 너는 혼자야
네 주위에 아무리 많은 사람들이 있다 하더라도
너는 혼자야
네가 아파도 누가 대신 아파해 줄 수 없고
네가 절망해도 어느 누구 하나
네 마음을 알아줄 수 없어
네 맘을 알아주기는 고사하고
네 속이나 안 뒤집어 놓으면 다행이지
혼자라는 사실을 외면하려 할수록
더 외롭고 고통스러울 거야
혼자라는 것을 인정하고 받아들여
그리고 익숙해져
혼자라는 것에
네가 익숙해질수록
오히려 외로움은 점점 더 옅어질 테니까

아프면 자기 손해이고,
세상엔 나 혼자밖에 없으며,
울어도 힘든 일은 해결되지 않는다

— 보아

인생의 모든 행동은
하나하나가 다 새로운 도전이야
이전과 똑같은 상황이란 하나도 없기 때문이지
상황에 맞는 단 하나의 행동을 찾아가는 것이
인생이란 건지도 몰라
도전에 어떻게 정답만을 고를 수 있겠어
때로는 비슷한 답을 쓸 수도 있고
때로는 완전 엉터리 답을 낼 수도 있는 거지
답을 잘못 쓴다고 해서
그것이 바로 성적표가 되지는 않아
재시험의 기회는 포기하지만 않으면 언제든 있으니까
그러니 두려워하지 말고
너의 답을 써내려가

자신의 행동에 대해 너무 고민하지 말라
모든 인생은 실험이다
실험은 많이 할수록 더 나아진다

—랄프 왈도 에머슨

때가 되면 할 수 있겠지
언젠가는 내 마음대로 살 수 있는 날이 오겠지
언젠가는 자유가 오겠지
안 와!
절대 그런 날은 안 와!
네가 살고 싶은 대로 살 수 있는
네가 하고 싶은 대로 할 수 있는
그런 자유가 보장된
그런 순간은 절대 오지 않아
그런 날은 오는 것이 아니라
싸워서 쟁취하는 거야
네가 만일 그런 날을 기다린다면
너의 기다림은 헛되게 될 거야
진정한 너의 삶을 살 수 있을 때는
바로 지금이야
그때는 따로 있는 것이 아니라
바로 지금이라고
바로 지금!

시작하는 방법은 그만 말하고
이제 행동하는 것이다

— 월트 디즈니

아무런 목적 없이 산다면
어떤 경험도 무의미할 뿐이야
목적이 있어야
실패도 의미가 생기지
아무 목적도 없는데
도대체 뭘 배우겠어?
그냥 멍하니 사는 것일 뿐이지
목적이 없는 삶은
집중력이 없는 삶이야
집중력 없이는
어떤 것도 이해할 수 없고
어떤 것도 기억할 수 없어
네 삶에서 무언가를 배우고
성장하고 싶다면
너는 네 삶의 목적을 가져야 해
네 삶에 대한 집중력을 가져

목적 없는 공부는
기억에 해가 될 뿐이며
머릿속에 들어온 어떤 것도
간직하지 못한다

— 레오나르도 다빈치

오늘 하루를 대충 보냈는데
내일이 좋아질 리가?
아마 내일도 대충 보내게 되겠지
그렇게 대충, 대충 하루를 보내고 보내다 보면
어느새 인생이 끝날 날이 다가오겠지?
섬뜩하지 않아?
그렇게 인생이 끝나버릴 수 있다는 것이 말이야

오늘이 없는 미래는 없어
오늘 하루하루가 쌓여 미래가 되는 거야

— 정호승, 〈어린 왕벚나무〉 중에서

너는 신이 아니야
너는 사람이지
네가 아무리 노력하고
아무리 애를 쓰고
아무리 긍정적인 말을 하고
긍정적인 상상을 해도
실패할 수 있고 좌절할 수 있어
그런데 중요한 건
네가 단순히 실패하거나 좌절하는 게 아니라
실패의 고통을 감내할 가치가 있는 것
좌절의 절망감에 몸부림칠만한 가치가 있는
목적을 가져야 한다는 거야
아무것도 아닌, 아무 가치도 없는 것을 위해
시련과 고통과 역경을 견뎌낼 수는 없잖아
네 인생을 전부 걸만한 목적을 가져
실패해도 좋을 만한
좌절해도 좋을 만한
진실로 가치 있는 삶의 목적을 가져
그것이 없다면
네가 아무리 세상에서 성공하고 돈이 많아도
다 허망하고 헛된 일일뿐이야

위대한 이들은 목적을 갖고
그 외의 사람들은 소원을 가진다

—워싱턴 어빙

기적의 시작점은 바로 오늘이야
오늘 너에게 일어나는 모든 일들이
미래에 어떤 기적을 만들어 줄지 몰라
오늘을 소중히 생각해
오늘 하루에 충실해
오늘 하루, 매 순간이
너에게 새로운 기회일 수 있어
오늘을 놓치는 건
바로 기회를 놓치는 것과 같다는 것을 명심해

당신에게 가장 중요한 때는
지금 현재이며
당신에게 가장 중요한 일은
지금 당신이 하고 있는 일이며,
당신에게 가장 중요한 사람은
지금 만나고 있는 사람이다

─톨스토이

실패와 좌절은
분명 우리를 절망스럽게 하고
고통스럽게 하지만
우리를 성숙하게 하고
더 나은 사람으로 만들어 주고 있어
정말 인정하고 싶지 않지만
사실 인간이란 고통 없이
성숙할 수 있을 만큼
그렇게 괜찮은 존재는 아니잖아
네가 내려가야 할 때
원망하고 불평하기보다
지금까지 느끼지 못했던 감정과
깨닫지 못했던 것들을 보길 바라고 있어
네가 전보다 더 나은 인간이 된다면
실패와 좌절로 얻을 수 있는 최선의 것을 성취한 것일 테니

내려갈 때 보았네
올라갈 때
보지 못할 그 꽃

— 고은

인생은 한순간이야

순식간에 지나가 버린다고

어린 시절 동네를 뛰어다니는 너와

지금의 네가 사실은 별 차이도 없잖아

그런데 어느새 네가 얼마나 늙어 버렸는지 떠올려봐

인생이란 잠깐 있다 사라지는 안개와 같아

서글프도록 짧은 우리의 인생을

너는 그저 먹고 마시는 일만 하다가

그대로 끝내 버리고 싶어?

누군가의 이야기는 시와 소설이 되겠지

지금처럼 산다면 너의 이야기는 무엇이 될까?

그저 아무 의미 없이 끄적거린 낙서가 되지 않을까?

인생은 짧은 이야기와 같다

중요한 것은 그 길이가 아니라, 가치다

— 세네카

네가 항상 주춤주춤 거리는 건
생각해야 할 때 생각하지 않고
행동해야 할 때 행동하지 않기 때문이야
둘 중의 하나만 해
둘 다 제대로 하지 않으니
매번 멍청한 짓만 반복하잖아
고민해야 할 때는 깊은 고민을
행동해야 할 때는 과감한 행동을
알았어?

숙고할 시간을 가져라
그러나 행동할 때는 생각을 멈춰라

— 나폴레옹 보나파르트

너에게 운명적인 순간이 없었을까?
너에게 너의 삶을 뒤바꿔놓을 그런
찰나의 순간이 없었을까?
정말 없었을까?
너의 인생의 순간에?
없는 것이 아니라
네가 무시하거나 도망친 것은 아닐까?
'내가 어떻게?'
'내가 무슨?'
'난 안돼'
그렇게 너의 운명을 바꿔놓을
순간들을 무시해 버리고
포기해 버리고 도망친 것은 아닐까?
또 지금도 그렇게 살고 있지는 않니?

순간을 지배하는 사람이
인생을 지배한다

— 크리스토프 에센바흐

네가 살아 숨 쉬고 있는 건
지금 이 순간뿐인데
어제는 후회해 무엇하고
내일은 걱정해서 뭐 해?
지금이나 똑바로 살아

단지 현재에 살라
그러면 모든 과거도 모든 미래도
그대의 것이 될지니

— 오쇼 라즈니쉬

네가 무엇을 하고 싶건
네가 무엇을 해야 하건
그것이 무엇이건
너는 오늘 해야만 해
내일이 된다고 해서
뭔가 달라질 거 같아?
네가 오늘 아무것도 하지 않는다면
내일도 오늘과 똑같을 거야
변화는 네 운명에 달린 것이 아니라
네가 오늘 무엇을 하느냐에 달려 있어
너는 오늘 하루 무엇을 하며 보내고 있니?

낮에 꿈꾸는 이들은 위험하다
그들은 눈을 뜬 채 꿈꾸고
마침내 그 꿈을 실현시키기 때문이다

— D.H 로렌스

모험을 하지 않으려거든
현실에 만족하고
현실에 불평하려거든
뛰쳐나와 모험을 하든가
네가 불평과 불만을 쏟아내면서도
그 자리에 머물러 있는 건
결국 너도 그 자리에서
무언가 얻는 게 있기 때문이잖아
둘 중의 하나만 해
적응을 하든가
모험을 하든가

멀리 갈 위험을 감수하는 자만이
얼마나 멀리 갈 수 있는지 알 수 있다

— T.S 엘리엇

이성적으로만 사는 인간들은
절대 자기의 세계를 확장할 수가 없어
만일 너의 세계가
슬픔과 절망으로 가득 찬 세계인데
머릿속으로 이성적인 계산만을 두들기고 있다면
평생 그 세계를 떠날 수 없을 거야
희망이라곤 찾아볼 수 없는
최악의 세계를 떠날 수 있는
사람은 오직 미친놈뿐이야
미친놈이 되지 못하겠다면
그냥 거기서 그렇게 살아!
평생!

꿈을 밀고 나가는 힘은
이성이 아니라 희망이며
두뇌가 아니라
심장이다

—레프 톨스토이

네 안에 그 어떤 잠재력이 있다 해도
도화선에 불이 붙지 않으면
잠재력은 절대 폭발하지 않아
너의 도화선에 불은 붙어 있어?
잠재력을 폭발시킬 시작의 불씨를 피웠어?
설마 아직 아무것도 하지 않고 있으면서
폭탄이 터져주길 바라고 있지는 않겠지?

진실로 가장 먼 거리는
오직 바라기만 하는 것과
실천하는 것의 사이이다

— 칼릴 지브란

뻔히 눈에 보이는
몸뚱어리 하나 제대로 관리 못 하면서
네 인생은 어떻게 관리할 건데?
열흘 굶은 돼지 마냥
그만 처먹고 제발 운동 좀 해라
몇 년만 더 지나면
네가 사람인지 지방 덩어리인지
구분도 안 가겠다

우리가 먹는 것이
곧 우리 자신이 된다

— 히포크라테스

'어쩔 수 없잖아'
'혼자 유난 떨고 싶지 않아'
'그냥 남들처럼만 살고 싶어'
'지금까지 항상 그렇게 해왔어'
'중간만 가자'
네 영혼을 썩게 만드는 말들이지
너의 성장을 짓밟고
너에게 게으를 수 있는
최고의 변명들이야
이런 말들이 너의 입가를 오르내린다면
넌 이미 송장이나 다름없어
오늘 죽건 내일 죽건 별로 달라질 것도 없으니까
그렇게 한 번밖에 없는 소중한 인생을
시체처럼 살다가 끝낼 거야?

우리에게 가장
치명적인 말은
'지금까지 항상 그렇게 해왔어'이다

— 그레이스 호퍼

네가 모든 사람들을
만족시킬 수는 없어
그렇다고 해서 네가 다른 사람들을
만족시켜 주거나
행복하게 할 수도 없어
그러니 너는 너 자신이나 만족시켜
네가 불행할 때
사람들은 은근히 기뻐할 거야
그들은 겉으로는
말로써 위로하지만
실제로는 행복감을 느끼고 있지
너를 둘러싼 대다수의 사람들이 그렇지
그리고 너도 그렇고
다른 사람의 불행을 거름 삼아
행복감을 느끼는 삶은
정말로 비참한 삶이지
비참한 삶에서 이제 벗어나지그래?

불행은 누가 진정한 친구가 아닌지를 보여준다

— 아리스토텔레스

다른 사람을 비난하는 것은
실상 싸움을 거는 것일 뿐이야
그것은 어떤 것도 변화시키지 못해
심지어 정당한 비판조차 마찬가지의 결과를
가져오기도 해
비판이든 비난이든
사람을 가려가면서 해
인격이 부족한 사람과는
정상적인 대화도 가급적 줄이는 것이
최고의 대화법이야

타인의 나쁜 점을 말한다는 것은
언제나 자기 자신에게
손해를 가져온다는 사실을 기억하라

— 에이브러햄 링컨

다른 사람을 평가하고 비교하는 사람은
결국 열등감에 빠질 수밖에 없어
다른 사람과 비교하는 사람은
자기 자신도 남과 비교하게 되니까
자기가 이상적으로 생각하는 사람과
자신을 비교하면서 자신을 비아냥거리고 공격하거나
혹은 이상적으로 생각하는 그를 공격하여
어떻게 해서든 끌어내리려 하지
그런 인간이 행복할 것 같아?
열등감에서 벗어나고 싶다면
다른 사람을 평가하고 비교하는 생각부터 버려
다른 사람을 평가하지 않으면
너 자신도 남과 비교하지 않게 될 테니

다른 사람들을 평가한다면
그들을 사랑할 시간이 없다

— 테레사 수녀

네 인생에 도움 안 되는 짓은
애초에 시작을 하지 마
고민하는 것과 걱정하는 것은
엄연히 달라
해결책을 찾기 위해 하는 고민은
해도 되는 짓이지만
주저앉아서 걱정만 하는 짓은
전혀 도움도 안 될뿐더러
네 건강만 해칠뿐이야
걱정한다고 무언가 달라질 거라면
네 인생이 진즉에 달라졌어야지
걱정한다고 네 마음이 시원해졌어?
아니잖아
그런데 모든 면에서 너에게 도움이 되지 않는 짓을
너는 도대체 왜 하고 있니?

해결될 문제라면
걱정할 필요가 없고,
해결이 안 될 문제라면
걱정해도 소용없다

— 티베트 격언

누가 걱정하고 염려함으로
자기 인생을 바꿀 수 있어?
두려워하고 초조해하는 것으로
도대체 무엇을 바꿀 수 있어?
아무것도 바꿀 수 없는 것에
왜 마음을 빼앗긴 거니?
걱정과 염려와 두려움과 초조함이
도대체 너에게 무슨 유익이 있길래
그것을 그토록 오랫동안 버리지 못하는 거야?
왜 너는 그런 것들을 사랑하니?
왜 너는 그따위 것들로
네 인생을 망치고 있는 거야?
네가 스스로 만들어 낸 것들이
지금 네 인생을 망가뜨리고 있잖아
걱정과 염려가 네 애인이니?
두려움과 초조함이 네 애완견이야?
도대체 왜 그런 것들을 키우는 거야?
도대체 왜 그런 것들에 네 인생을 빼앗기는 거야?
그것도 너 스스로 말이야
도대체 왜?

이 험한 세상에 영원한 것은 없다
고민도 마찬가지다

— 찰리 채플린

네가 할 수 있는 모든 수단과 방법이 끝났을 때
그때에서야 진짜 네가 나타나
너의 진짜 인격
너의 진짜 믿음
너의 진짜 수준
네가 진짜 어떤 인간인지
너의 모든 계획들, 너의 생각들, 너의 목표들이
산산이 파괴되고 난 다음에 드러나게 되지
그때가 되었을 때
너는 어떤 선택을 할까?
지금 네 머릿속에는
아마 이런 생각이 떠오를 거야
"절대 그런 날은 오지 않을 거야"
"설마, 절대 그런 일은 일어나지 않을 거야"
하지만 반드시 그런 일은 일어날 거고
또 일어나야만 해
그런 일이 일어났다는 것,
너의 밑바닥을 볼 일이 일어났다는 것이
바로 네가 올바른 길을 걸어왔다는 증거이니까
너의 민낯이 드러날 때 너는 어떤 선택을 할 거니?
너의 삶이 모두 부서졌다고 생각될 때 하는 너의 선택이
지금까지 네가 해온 모든 선택들이
옳았는지 틀렸는지를 판가름하게 될 거야

절망하지 말라
최후에 모든 것이 정말로
끝장났을 때에는
절망할 여유도 없지 않겠는가

— F. 카프카

실패는 잊어도 좋아
하지만 왜 실패했는지
그리고 어떻게 실패를 극복했는지는 절대 잊어선 안 돼
하지만 넌 항상 중요한 것들을 잊어버리지
아무거나 기억하지 마
기억해야 할 것도 스스로 정해서 기억해
네가 무엇을 잊을 것인지
네가 무엇을 기억할 것인지
잘 선택해

실패는 잊어라
그러나 그것이 준
교훈은 절대 잊으면 안 된다

— 허버트 개서

자기 인생을 저주하는 사람의 인생에
축복이 있을 리가
너는 지금껏 네 인생을 축복했어?
아니면 저주했어?
만일 저주했다면
더 이상 네 인생을 불쌍하게 만들지 마
축복으로 가득 채워도 아까운 네 인생을
왜 너는 스스로 저주하고 있어?
소중한 네 인생 네가 축복해줘
네가 사랑하고 아껴줘
너의 저주로 더 이상 네 인생을 괴롭게 하지 마

우리의 삶이 밝을 때도
어두울 때도
나는 결코 인생을
욕하지 않겠다

— 헤르만 헤세

책임감 없는 인간들 집단에서
문제가 발생하면
늘 언제나
누가 문제의 원인이며
누가 책임을 질 것인가에 대해서만
토론을 하지
아무 의미도 없고 쓸모도 없는
그런 이야기들을
몇 시간씩 열정적으로 이야기하고 있는
쓸모없는 인간들처럼 되지 마
한때는 너도 그들을 욕했겠지만
지금은 너 역시 그들을 닮아 가고 있잖아
해결책은 없고 정치만 남은 사람처럼 되지 마
그런 인간들 때문에 많이 지치고 짜증 나겠지만
적어도 너는 쓸모없는 인간은 아니잖아
너는 너의 가치를 지켜

잘못이 아닌
해결책을 찾아라

—헨리 포드

앉아서 후회하고 푸념할 시간에
할 일이나 해
해야 할 일은 산더미처럼 쌓아놓고
지금 뭐 하는 거야?
지금은 도움도 안 되는 고민하지 말고
눈앞의 일이나 빨리 처리해

지난 실수를 잊어라
실패도 잊어라
자신이 할 것을 빼놓고
전부 잊어라
그리고 그 할 일을 하라

— 윌리엄 듀런트

너는 너 자신의 진짜 모습을
얼마 동안은 속일 수 있을지 몰라도
평생 속일 수는 없어
지금 네 옆에 있는 사람이
네가 너답게, 너다운 모습으로
사랑받을 수 없다면
그 사랑을 포기해
붙잡아 둘 수 없는 것을
붙잡아 두려는 것이 집착이야
너의 가장 자연스러운 모습으로
함께 있을 수 없는 사람이면
가장 너다운 모습일 때
함께 행복할 수 없다면
그 사람은 너무나 명확하게 네 사람이 아니야
네 사람이 아닌 사람을
네 사람으로 만들려는 노력이야말로
고통으로 이어지는 노력일 뿐이야
그 사람 이제 포기해

거짓된 모습으로 사랑받는 것보다
참된 모습으로 사랑받지 못하는 것이 낫다

— 앙드레 지드

사랑이란 이름으로 너를 이용하려는 사람들은
너를 사랑하는 게 아니야
너에게 무조건적인 친절과 용서와 배려를 요구하는 사람들은
절대 너를 사랑하는 게 아니야
그런 사람들이 사랑이라는 족쇄로
너를 억압하고 가두도록 허락하지 마
더 이상 그들에게 너의 친절과 배려를 베풀지 마
너 자신을 위해서 그들을 용서하되
더 이상 그들과 함께하지 마
그 사람들에게 너는 너무 아까운 사람이니까

누구를 사랑한다고 해서
무조건 감싸야 한다는 뜻은 아니다
사랑은 상처를 덮는 붕대가 아니다

— 휴즈 엘리엇

두려워하는 자에겐
그 두려워하는 것이 임하지
지금까지 너의 삶을 돌이켜봐
네가 두려워하는 것들이
실제로 네 삶을 얼마나 괴롭혔는지
너의 두려움들이
너의 고통들을 만들어 낸 거야
연약한 자에게 더 잔인한 것이
인생이고 세상이야
더 이상 고통받고 싶지 않다면
더 이상 두려워도 하지 마
두려움을 이기고 짓밟아 버려
두려움에 사로잡힌 자가
할 수 있는 것은
그저 고통에 신음하고
절규하는 것뿐이라는 것을 명심해

봄이 속삭인다
꽃 피라
희망하라
사랑하라
삶을 두려워하지 마라

— 헤르만 헤세, 〈봄의 말〉 중에서

아무것도 버리지 못하는 자는
아무것도 채울 수 없어
네 안의 열등감, 피해의식, 비교의식,
실패의 경험, 좌절과 절망감 같은
온갖 쓰레기와 폐기물들을 버리지 않고서는
너는 절대 행복해질 수 없어
네 마음에, 너의 과거에 채워진
수많은 쓰레기들을 도대체 언제까지 그대로 둘 거야?
이제 그 쓰레기들을 버릴 때가 되었잖아
이제 그만 일어나서 청소를 시작해
네 마음을 깨끗이 비워내고
다시 시작해
다시 시작하기에 아직 늦지 않았어

버려야 할 것이 무엇인지 아는 순간부터
나무는 가장 아름답게 불탄다

— 도종환, 〈단풍드는 날〉 중에서

네 인생에서
우물쭈물하다가
놓쳐 버린 기회가 몇 번이고
놓쳐 버린 사람이 몇 사람이야
그런데도 여전히 우물쭈물, 서성거리고 싶어?
언제까지 그러고 살래?
네 인생 좀 이제 바꿔봐
언제까지 그렇게 살 건데?
그렇게 평생 아무것도 시도해 보지 못하고
바보같이 살다가 때 되면 죽을 거야?
절대 아니잖아
네가 바라는 건 그런 인생이 아니잖아

눈송이처럼 너에게 가고 싶다
머뭇거리지 말고
서성대지 말고

— 문정희, 〈겨울 사랑〉 중에서

언젠가는 네 인생도 풀리겠지
언젠가는 너에게도 봄날이 올 거야
그러니까 지금은 그냥 버텨
아무리 좋지 않아도 버텨
아무런 생각도 하지 말고
아무것도 걱정하지 말고
아무것도 염려하지 말고
그냥 버텨
생각 없이 그저 버티는 거
그게 인내심이야
그러니 지금은 인내심을 최대한 발휘해
인내의 열매는 반드시 맺게 되어 있으니까
그게 인생의 법칙이니까

눈과 얼음의 틈새를 뚫고
가장 먼저 밀어 올리는 들꽃
그게 너였으면 좋겠다

— 곽효환, 〈얼음새 꽃〉 중에서

야망을 가져
이루어지든
이루어지지 않든
무슨 상관이야
일단 야망을 가져
세상을 불태워 버릴
네 운명을 뒤집어엎어 버릴 만큼의
야망을 가져봐

푸른 바다에는 고래가 있어야지
고래 한 마리 키우지 않으면
청년이 아니지

— 정호승, 〈고래를 위하여〉 중에서

누가 너를 죽였을까?
누가 진짜 너를 죽였을까?
내일에 대한 꿈과 희망을 품고 살던
미래에 대한 가능성이 넘치던
너라는 아이를 과연 누가 죽였을까?
.
.
.
.
.
.
.
.
.
너

나였던 그 아이는 어디 있을까?
아직 내 속에 있을까?
아니면 사라졌을까?

— 파블루 네루다, 《질문의 책》 중에서

네가 너의 선택을 옳다고 믿는다면
너는 어떤 힘든 일도, 어떤 시련도 버티고 이겨낼 수 있어
네가 지금 버틸 힘이 없는 건
네가 지금 포기하는 건
너의 상황이 문제가 아니라
처음부터 네가 너의 선택을 믿어주지 못했기 때문이야
너의 선택은 너의 믿음을 자양분 삼아 자라나
너의 선택이 무너진 건
네가 재능이 없거나 너의 환경이 나빠서거나
너를 도와줄 사람이 없어서가 아니라
네가 너를,
네가 너의 가능성을
네가 너의 선택을
믿어주지 않았기 때문이야
믿음이 없는 선택 따위가
무엇을 할 수 있겠어?

동기가 옳으면
한두 번 실수로 무너지지 않는다

— 도스토옙스키

시간은 사람을 기다려 주지 않아
세월은 너를 기다려 주지 않아
나중에 해야지
나중에 해야지
나중에 해야지
조금 더 안정되면
조금 더 상황이 좋아지면
조금 더 가능성이 생기면
그렇게 시간을
보내고
보내고
보내고 나면
죽겠지

따야 할 꽃은 빨리 따는 것이 좋다
내 몸에서 힘이 빠지기 전에

— 오마르 하이얌

우리 인생이 어떻게 될지는 몰라도
최소한 부끄러운 인생은 살지 말자
가진 것 하나 없어도
부끄럽지 않은 인생
긍지로 가득한 인생을 살았다면
한 번밖에 없는 우리 인생
헛되지 않았다고
자신 있게 말할 수 있을 테니까
아무리 힘들고 괴로워 포기하고 싶어도
우리 인생을 부끄럽게는 만들지 말자

헤매고 틀렸어도 마지막에는
살아온 것에 긍지를 느낄 수 있는,
"애썼어요"라는 말을 들을 수 있는
인생을 보내렴

— 〈후르츠 바스켓〉 중에서

평생 천국과 낙원을 찾아
헤매고 도망치는 인생은
영원히 천국도 낙원도 찾을 수 없어
잔인한 인생으로부터 도망치지 마
두 다리를 굳게 세우고
너를 무너뜨리려는 역경들과 맞서 싸워
천국은 지금 네가 서 있는 그곳에서
네가 만들고 지켜내야만 해
너의 자리
너의 책임
너의 짐을
벗어던지고 도망쳐 버린 그곳에는
도망자들만 우글거릴 뿐이야
그곳에 행복은 없어

도망쳐 도착한 곳에 낙원이란 없다

—《베르세르크》 중에서

네가 죽어도 아무것도 변하지 않아
하지만 네가 살아서 변하는 것은 있어
죽은 자는 아무것도 하지 못하지만
살아 있는 자는 어떤 식으로 건
변화를 만들어 내지
의도했건
의도하지 않았건 말이야
죽고 싶어도
죽음이 간절해도
네가 죽는 것에
그 어떤 합당한 이유가 있어도
살아 있어
일단은 살아 있어
어차피 죽거나 살거나 마찬가지 인생이라면
살아 있어
살아서 지켜봐
그저 드라마 보듯 무심하게라도 지켜봐
궁금하지 않아?
네가 살아있으므로 해서
어떤 일들이 벌어질지
어떤 변화들이 일어날지 말이야

사람은 결코 죽음을 생각해서는 안 된다
오직 삶을 생각하라
이것이 참된 신앙이다

— 벤자민 디즈레일리

너의 목표와 계획을 내려놔
포기하라는 게 아니야
내려놓으라는 거야
통제에 대한 집착,
모든 것이 네가 원하는 대로
되어야만 한다는 집착,
사소한 일 하나까지도
변수를 허용하지 않는
끝 모를 고집과 집착을 내려놔
네가 집착할수록
네가 원하는 것은 점점 더 멀어지고
너 자신만 망가지게 될 거야
네 손안에 꽉 쥐고 있는
너의 모든 것을 내려놔
네가 내려놓아야
너도 살고 네 인생도 살아

행복을 얻는 최선의 길은
그것을 추구하지 않는 것이다

— 그라우데 몬테피오리

자신의 시간
자신의 하루에
충성하지 않는 자는
언젠가 반드시
시간에게 배신을 당하지
내일이란 오늘의 다른 이름일 뿐이야
언젠가 시간에게
배신당하고 싶지 않다면
지금 너의 시간,
오늘 너의 하루에 충성해
시간에 충성스러운 자만이
시간의 달콤한 열매를 얻게 될 테니까

시간을 지배할 줄 아는 사람은
인생을 지배할 줄 아는 사람이다

— 에센바흐

매일 똑같은 실수, 똑같은 잘못
똑같이 잘못된 습관을 저지르면서
어떻게 내일이 달라지겠어?
오늘이 어제와 똑같다면
내일도 오늘과 똑같겠지
도대체 무슨 근거로
내일이 되면 뭔가 좋은 일이
생길 거라 믿는 거야?
네가 지금 뭘 하고 있는데?
아무것도 하는 게 없으면서
막연하게 잘 될 거라 믿는 건
그냥 광신자일 뿐이야
내일을 위해 어제와 다른
무언가를 하고 있지 않다면
어떤 긍정적인 변화도 일어나지 않을 거야

미래는 현재 우리가
무엇을 하는가에 달려 있다

— 마하트마 간디

안정적인 직장 속에서
자기 계발을 게을리하며
물에 물 탄 듯
술에 술 탄 듯
대충 흐릿하고 편안하게 사는 것이
인생의 최대 목표라면
너는 절대 그 목표를 이루지 못할 거야
인생이라는 게 언제부터 그렇게 쉬워졌지?
중산층의 절반이 노후에 빈곤층에 된다는 걸 명심해
지금 배우지 않으면
나중에는 배울 돈도 가지지 못할 거야

젊었을 때 배움을 게을리한 사람은
과거를 상실하며 미래도 없다

— 에우리피데스

배고픔
굶주림
목마름
외로움
좌절감
이런 일들을 겪지 않고
비정한 광야의 길을 걸어 보지 않고서는
인생을 논할 수가 없지
아무것도 모르고
나이만 먹은 사람들이
너에게 뭐라고 지껄인다 한들
그들의 말들은 아무런 힘이 없어
그런 말들에 휘둘리고 상처받고
내 인생은 왜 이러나 징징대지 좀 마
적어도 인생은 너를 더 사랑하고 있으니까

선택했으면
결정했으면
결단했으면
이제 그만 좀 뒤를 돌아봐
한 걸음 걷고
돌아보고
또 한 걸음 걷고
돌아보고

그럴 거면 다시 돌아가던가?
뭐야 그게?
우직하게 묵묵히
그냥 걸어가면 안 돼?
끊임없이 흔들거리면서
걸어가는 거 너도 지치잖아
선택했으면
그냥 믿어
이것저것 따지지 말고
그냥 믿어
믿는 데는 이유가 필요 없어

겸손이란 자기가 가진 것만으로
만족하면서 사는 거야
네가 남의 것을 보면서
왜 나는 저 사람이 가진 것을
가지지 못했을까 생각하는 순간
이미 너의 마음에 교만과 열등감이 꿈틀대기 시작하지
다른 사람의 것에 눈을 돌리지 마
네가 가진 것에 만족해
자족하는 삶이
적어도 남의 것을 보며
부러워하고 질투하며 사는 삶보다는 훨씬 행복한 삶이야

남 일에 쓸데없이 간섭하는 놈도
병신이지만
남들이 하라는 대로
하고 사는 놈도 병신이긴 매한가지야
너 하고 싶은 대로 해
옆에서 지랄한다고 들어주지 말고
너 하고 싶은 대로 해버려
어차피 너 잘된다고 축복해줄 사람도 아니고
너 안 된다고 도와줄 사람들도 아니니까

나쁜 사람인 거
모르고 만났냐?
너 자신한테 진심으로 물어봐
정말 모르고 만났어?
아마 너는 처음부터 알고 있었을 걸
너의 직관과 본능이 위험신호를 알려도
너는 무시했겠지
그냥 믿고 싶었겠지
너무 탐스럽고 매력적이니까
네가 가지고 싶지만 가지지 못한 걸
그들이 가지고 있었으니까
욕심이 생겼겠지
독이 아닐 거라고
그렇게 너의 무의식이 보내는

위험신호를 애써 무시하며
너 자신을 속이면서 그렇게 만났겠지
아무리 이상한 모습이 보여도
별것 아닐 거라며 생각하고 만났겠지
그 사람들을 욕할 거 없어
당한 너도 바보 같은 건 매한가지니까

적당한 자책은 필요해
자책은 건강한 성찰의 일부이니까
하지만 항상 자책하는 건 곤란해
자책만으로 성찰이 완성되는 건 아니니까
자책과 반성은 새로운 방향을 찾기 위한
첫걸음일 뿐이야
같은 잘못, 같은 길을 걷지 않기 위해서는
자책을 넘어 새로운 방법을 찾아내야 해
그리고 그렇게 하기 위해서는
무엇보다 너 스스로가 그 방법을
찾아낼 수 있을 거라고 믿어야 하지
너는 믿고 있어?
네가 새로운 해결책을
찾아낼 수 있을 거라는 것을 말이야
만일 그렇지 않다면
먼저 그 사실부터 믿어
네가 해결책을 찾아낼 수 있을 거라는 거

네가 분명 잘 해낼 수 있을 거라는 거

인간관계에서
둘 중 누군가 하나가
저줘야 하는 상황이라면
이미 그 관계는 깊어질 수 없는 관계야
사실 너도 이미 잘 알고 있잖아
애써 부정하고 싶어서
인정을 하지 않고 있을 뿐이지
누군가 저줘야 하는 것
자체가 이미 서로 계산하면서
경쟁하고 있다는 거거든
그런 관계는 결국 언젠가는
깨어지게 되어 있어
그런 관계를 깨뜨리지 않으려
네가 계속 저주고, 양보해도 소용없어
네 인내심에도 한계가 있을 테니까
그리고 그런 식으로 이어지는 인간관계가
올바를 리가 없잖아
그런 관계에 대해서
이제 그만 미련 가지고 끝내
더 상처받고 버림받기 전에 말이야

그 사람들이 널 버린 건

어찌 됐건 네가 마음에 안 들었기 때문이야
그들이 중요하게 생각하는
그 무언가를 네가 가지고 있지 않았기 때문에
넌 그들에게 거절당한 거야
사실 그걸 탓할 수는 없지
다만 그들이 잘못한 것은
그들이 무엇을 중요하게 생각하는지
그들 자신이 어떤 가치관을 가지고 있었는지
너에게 말해주지 않은 것이 문제인 거지
처음부터 말해주었다면
네가 상처받는 일은 없었을 텐데 말이야
그렇다고 그들을 탓하기엔
사실 너도 그들과 크게 차이가 없어
너라고 해서 다른 사람들에게
한 번도 상처 주지 않은 건 아니잖아
무엇보다 네가 지금 마음이 아픈 건
실은 네가 중요하게 생각하는 그 무언가를
그들이 가지고 있기 때문이잖아
네가 가지고 싶은 그것을
그들이 너에게 주는 것을 거부했기 때문이잖아
그들을 탓하기 전에
너부터 진심이었는지 잘 생각해봐

네가 아무리 인격적으로 훌륭해도

네가 아무리 완벽한 성품을 가지고 있어도
너의 모습이 천사 같을지라도
악마랑은 같이 살 수가 없어
그 사람을 변화시켜서
같이 한번 잘 살아봐야지
하는 생각만큼 미친 생각이 없어
인생 망치고 싶으면 한번 그렇게 해봐
1년도 안 되어서 돌아버릴 걸

결혼은 진짜 빡센 거야
결혼이 얼마나 빡센 거냐면
넬슨 만델라도 이혼했어
넬슨 만델라는
27년을 남아공 감옥에 갇혀 있었어
그 27년간 매일같이
당하는 고문과 매질도 참아냈고,
40도가 넘는 남아공 사막에서의
강제노동도 견뎌냈어
그 지옥 같은 27년간을 참아내고
감옥에서 나와 부인하고
6개월 지내고 이혼했다고

— 크리스 록

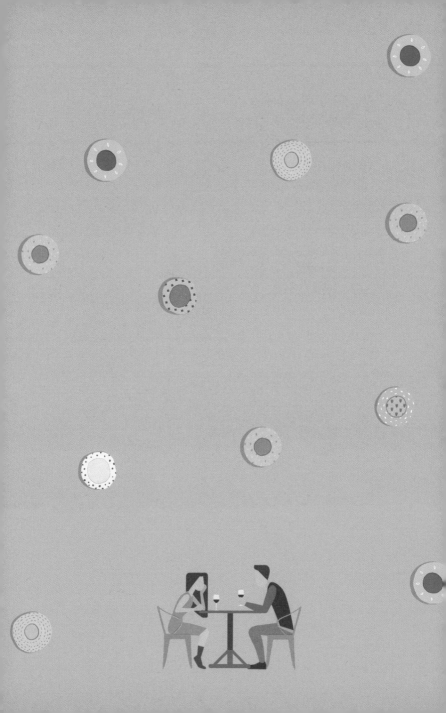

미친개 같은 사람들이랑 싸우지 마
그런 놈들이랑 싸우는 거 자체가
이미 그 사람들의 불행한 인생에
말려드는 거니까
다만 그런 놈들을 기억해
그리고 그런 놈들의
공통점이나 행동 패턴,
습관이나 말버릇 같은 것을 기억해
그들은 비슷한 점이 많거든
네가 어딘가에 갔는데
지난번에 만난 사람과 비슷한 놈이 있거든
거기서 도망쳐!

너의 적을 용서하되
그 사람의 이름은 기억해둬라

— 스코틀랜드 격언

3장

하루
에너지 충전을 위한
초콜릿

매일 아침 하루를 시작할 때,
매일 밤 잠자리에 들기 전에,
당신의 마음이 낙망하고 지쳤을 때,
모든 것을 포기해야만 할 것 같을 때,
이 초콜릿들을 소리 내어 먹어 보세요.

자기 신뢰의 초콜릿

미래는 내 안에 있다
나는 내 인생을 변화시킬 힘을 가지고 있다
나는 내 삶을 원하는 대로 만들어 나갈 능력이 있다

나는 무엇이든 할 수 있다
나는 어떤 일이든 이룰 수 있다
내게는 불가능한 것이 없다

내가 부족한 것이 아니라 처음이라 어려운 것뿐이다
나는 모든 처음의 어려움을 이겨낼 수 있다

나는 성공할 운명을 타고났다
나는 성공을 피할 수 없다
성공은 나의 운명이다

나는 최선의 선택을 한다
나는 최선의 선택을 최고의 선택으로 만들어 낼 것이다

내 운명의 열쇠는 내 손안에 있다
나는 내 인생에 책임감을 가진다
나는 내 운명을 행복과 성공으로 이끌 것이다

나는 이미 꿈을 이룰 능력을 갖추었다
불가능은 없다
나는 단 하나의 가능성만으로도 충분히 꿈을 이룰 수 있다

나는 할 수 있다
나는 어떤 꿈이든 이룰 수 있다
나는 나를 전적으로 신뢰한다
나는 나 자신을 믿는다

나는 직관을 적극적으로 활용한다
나는 직관의 지혜를 통해
중요하고 결정적인 영감과 해결책을 찾는다

나에게 주어진 시간 속에는 모든 가능성이 숨어 있다
무엇이든 가능하며 어떤 일이든 이룰 수 있다

나는 항상 올바르게 결단한다
나의 선택은 실패 확률은 줄이고 성공 확률은 높인다

나는 세상에 필요한 사람이다

나는 세상을 유익하게 한다
나는 세상을 진보시키고 더 아름답게 만드는 사람이다

조금 실수해도, 조금 방황해도 괜찮다
나의 모든 실수와 잘못들은 내가 올바른 방향으로 가기 위한
과정일 뿐이다

나는 어떤 문제라도 해결할 수 있다
나는 문제를 해결하기 위해 과감히 도전한다

남들보다 뒤처진다고 해서 내가 패배자가 되는 것은 아니다
최선을 다해 인생을 살아간다면 나 역시 인생의 승리자이다

나는 할 수 있다
나는 내가 원하는 삶을 살게 될 것이다
나는 목표를 이룰 수 있다
믿음을 가지고 믿음을 지키자

데드 포인트를 넘자
내가 생각하는 노력의 한계를 넘어설 때까지 노력하자
나를 이기는 순간 나는 세상을 이길 수 있다

나는 내 꿈의 주인이다
나는 꿈 앞에서 담대하다

나는 무엇이든 이룰 수 있다
그 어떤 꿈도 내가 이루지 못할 꿈은 없다

나는 사람들의 예상을 뛰어넘는다
나는 모든 한계를 뛰어넘는다
나는 불가능하다고 생각되는 일을 성취한다

스스로 선택하고 스스로 책임지자
의존적인 사람이 아닌 독립적인 사람이 되자
내 인생을 책임지는 진짜 어른이 되자

나는 어떤 문제라도 해결할 수 있다
나는 복잡한 문제들은 잘게 잘라 단순화시킨다
나는 한 번에 하나씩 해결해 나간다

나는 지나가 버린 일 따위에 미련을 두지 않는다
나는 지금 내가 가진 것으로 꿈을 이룰 수 있다

나는 세상에서 도망가지 않을 것이다
나는 아무리 힘들고 괴로워도 이 세상에서 승부를 낼 것이다

누구도 나를 행복하게 할 수 없다
나를 행복하게 할 사람은 오직 나 하나뿐이다
내 인생에 대한 책임은 모두 나에게 있다

나는 내 인생을 스스로 책임질 것이다

나는 내 인생의 왕이다
나는 내 인생의 책임감에서 도망가려 하지 않는다
내게는 내 인생의 짐들을 이겨낼 능력이 있다

재능에 집착하지 말자
내가 하고 싶은 일과 재능은 멀리 떨어져 있지 않다
하고 싶은 일을 먼저 시작하자

1%의 강점만으로도 나는 특별해진다
나는 대체할 수 없는 1%의 특별함을 가졌다

완벽한 세상, 내가 꿈을 이루기에 편한 세상은 없다
나는 지금 내가 살고 있는 이 세상에서 꿈을 이룬다
나는 바로 현재에서 해낼 수 있다

인생은 시험이 아니다
정해진 정답은 없다
나는 내 인생에 남이 아닌 내가 원하는 답을 적을 것이다

나는 눈을 뜬 공상가이다
나는 현실을 정확히 직시하고
그 위에서 불가능한 꿈을 이루어내는 사람이다

나는 내 약점과 힘든 현실을 모두 정면으로 바라본다
나는 나를 힘들게 하고 두렵게 하는 현실로부터 도망가지 않는다

나는 불필요한 논쟁을 벌이지 않는다
나는 행동과 결과로써
나를 공격하는 사람들의 입을 닫아버릴 것이다

감정과 직관은 선택의 중요한 근거이다
나는 감정과 직관을 선택의 근거로 활용할 줄 안다
나는 이성과 감정이 합의를 이룬 선택을 할 수 있다

실제의 나는 내 편견보다 더 큰 능력을 가지고 있다
나는 내 안의 잠재력과 가능성을 온전히 일깨워 낼 것이다

내 안에는 높고 단단한 자존감의 성이 있다
나의 성은 내 마음을 지키고 내 가능성들을 지켜 줄 것이다

나는 큰 비행기다
나에게는 강력한 엔진과 큰 날개가 있다
나는 세상을 날아오를 것이다

나는 전설 같은 인물이 될 것이다
나는 내 분야에서 내가 알고 있는 그 누구보다
더 위대한 사람이 될 것이다

나는 나의 역사를 바꿀 것이다
나는 지금까지와는 다른
내 인생의 새로운 역사를 창조할 것이다

나는 다른 사람들과 다르다
다르기에 나는 특별하다
나는 다르기에 새로운 생각, 새로운 해결책들을 찾아낼 수 있다

성장의 초콜릿

모든 축복과 기회는 사람으로부터 온다
지금 이 순간 내게 축복과 기회를 줄 사람들이 몰려오고 있다

나는 매일 긍정적으로 변화하고 있다
나는 매일 더 성장하고 발전한다
나의 변화가 내 삶의 질을 높이고 있다

나는 적극적으로 습관을 관리한다
나는 습관을 통제할 수 있다
나는 좋은 습관은 기르고 나쁜 습관은 제거한다

실수는 실패가 아니다
실수는 나에게 유익한 경험과 지혜를 안겨준다
나는 실수를 통해 더욱더 성장하고 발전한다

나는 성공한 사람들의 다양한 장점들을 보고 배운다
나는 그들의 모든 장점을 내 것으로 만들고 그들을 능가할 것이다

나는 절대 어제의 나에게 지지 않을 것이다
나는 매일 더욱 성장하고 앞서 나갈 것이다
나는 나를 이길 것이다

나는 늘 변화하고 발전한다
나는 매일 지루한 고정관념과 나쁜 습관을 버리고
새로운 내가 된다

이미 수많은 기회가 나를 위해 준비되어 있다
이제 나는 능력을 키워 내가 가장 원하는 기회를 쟁취하겠다

나는 나의 롤모델이 가진 모든 장점을 배운다
나는 성공한 사람의 장점과 태도를 내 것으로 만든다

화려한 한 방을 위해서는 고리타분한 기본기를
확실히 갖추어야 한다
나는 착실하게 기본기를 쌓아 나갈 것이다

나는 지속적으로 나 자신을 성장시킨다
나는 꾸준히 나 자신을 발전시킬 목표와 계획을 세우고
이를 실천한다

나는 항상 체계적으로 계획을 세워 일한다
나는 중요도에 따라 우선순위를 정해서 하나씩 일을 처리한다

나는 다양한 경험을 쌓아간다
나는 나의 경험들을 바탕으로 폭넓고 창의적으로 사고한다

매일 자기 성찰의 시간을 갖도록 하자
나의 부족한 점과 나쁜 습관들을 반성하고
극복하기 위해 노력하자

나는 배우는 일에 돈을 아끼지 않는다
나는 배움에 투자하여 전문성과 능력을 지속적으로 향상시킨다

나는 조급하게 나를 변화시키려고 무리하지 않는다
나는 천천히 그리고 꾸준히 나 자신을 성장시키고 발전시킨다

내게 주어진 모든 일은 나를 가르치는 훌륭한 교재이다
나는 작고 사소한 일이라도 최선을 다한다

나는 얼마든지 성장하고 발전할 수 있는 가능성이 있다
나는 내게 필요한 재능을 노력으로 개발하고 성장시킨다

나는 지혜로운 사람들을 끌어당기는 자석 같은 사람이다
나는 항상 지혜로운 사람들을 곁에 두고 그들에게서 배운다

나는 꾸준한 독서를 통해 다양한 지식과 간접 경험들을 얻는다
내가 보고 느낀 모든 것들은 언젠가 나를 도울 것이다

나는 매일 성장하고 발전한다
나에게 있어 현상 유지란 없다
나는 오직 성장만을 추구한다

나는 항상 미래를 준비하고 새로운 지식을 배우는 일에 노력한다
나는 꾸준한 자기 혁신을 통해 발전하고 성장한다

나는 날마다 모든 면에서 좋아지고 있다
나는 날마다 모든 면에서 성장하고 있다

나는 항상 부족한 면을 채우기 위해 노력한다
나는 늘 적극적인 자세로 질문하고 최선을 다해 배운다
나는 매 순간 성장하고 있다
모든 장애물은 나를 성장시키는 도구에 불과하다

모든 능력은 투자한 시간에 비례하여 성장한다
나는 충분한 시간을 투자하고 반복하여
뛰어난 능력과 실력을 갖춘다

나는 익숙함의 중독에 빠지지 않는다
나는 언제나 더 나은 변화와 개혁을 추구한다
나는 매일 모든 면에서 더 나아진다

성장하기를 포기하는 사람이야말로 진짜 노인이다

나는 죽는 날까지 늙지 않을 것이다

나는 절대 성장을 포기하지 않을 것이다
나는 나를 모든 면에서 성장시킬 것이다

나는 어정쩡한 태도로 내 인생을 낭비하지 않을 것이다
나는 돌아갈 힘을 남겨두지 않고
온 힘을 다해 끝까지 달려갈 것이다

나는 패배에도 나 자신에게 부끄럽지 않을 만큼 최선을 다한다
나는 내 노력에 자부심을 가질 만큼 치열하게 노력한다

나는 지금의 내 위치보다 더 높은 책임감을 가지고 있다
언젠가 내 위치는 내 책임감에 맞춰질 것이다

나는 해결할 수 없는 내 인생의 짐을 받아들인다
나는 나를 성장시키고 발전시켜 내 짐을 가볍게 들 수 있게 만든다

나는 간절한 것만큼 행동하고 절실한 것만큼 노력한다
나는 내가 원하는 것을 위해 충분한 노력을 기울인다

나는 열등감마저도 좋은 자극제로 활용한다
나는 고개를 들어 내 위에 있는 사람들을 기쁘게 볼 수 있다

나는 조용한 절망에서 벗어나 진짜 절망을 느껴볼 것이다
절망의 끝에서 나는 조용한 절망이 없는 삶을 쟁취해 볼 것이다

나는 건조한 삶에서 벗어나 다채로운 삶을 살 것이다
나는 많은 것을 시도하고 실패하고 성취하는 삶을 살 것이다

나는 바람 한 점 불지 않는 건조한 인생의 무풍대를 떠날 것이다
나는 내 인생의 배를 새로운 바람이 부는 곳으로 옮겨갈 것이다

자기 통제의 초콜릿

내 마음은 인생의 날씨에 관계없이 늘 행복하다
내 마음은 언제나 따뜻하고 화창한 봄날이다

모든 답은 이미 내 안에 있다
질문은 내 안의 답을 찾는 현명한 방법이다
나는 항상 올바르게 질문하고 올바른 답을 찾아낸다

나는 이제 인생의 방황을 끝내고 분명한 목표를 가질 것이다
나는 내가 가고자 하는 방향으로 인생을 이끌어 갈 것이다

대가를 지불하면 반드시 원하는 것을 얻을 수 있다
나는 원하는 것을 얻기 위해서 기쁘게 대가를 지불한다

나는 적응력이 뛰어나다
나는 새로운 환경이나 어떤 어려운 상황 속에서도 빠르게 적응한다

나는 나의 건강을 소중히 돌본다

나는 이 건강을 평생 지켜나간다
나는 평생 건강하게 살 것이다

인생에서 중요한 것은 속도가 아닌 방향이다
나는 항상 여유를 가지고 올바른 방향을 찾아간다

나는 항상 인생과 세상에 대한 긍정적인 태도를 가진다
나는 어떤 어려움 속에서도 긍정적인 면을 발견한다

나는 창의성이 넘친다
나는 언제나 모든 일에 진보적인 사고를 한다
나는 더 창의적이고 효과적인 해결책들을 찾아낸다

여유를 가지자
충분한 시간을 투자하자
나는 내가 가장 원하는
명확하고 확실한 목표를 찾아낼 수 있을 것이다

나는 부정적인 말들은 차단하고 긍정적인 말들은 받아들인다
나는 항상 내면에 긍정적인 생각과 감정들로 가득 채운다

나는 집중력이 뛰어난 사람이다
나는 모든 일에 집중력을 가지고 제대로 해낸다

나는 발전하고 성장할 잠재력이 충분하다
나는 내가 원하는 만큼
나 자신을 더 높은 수준으로 끌어 올릴 수 있다

나는 누구보다 성실의 기준이 높다
나는 하루 동안 내가 해야 할 일보다 더 많은 성과를 만들어 낸다

내가 이겨야 할 것은 경쟁자가 아닌 나 자신이다
나는 나 자신에게만 집중하고 내가 해야 할 일에 집중한다

나는 기다려야 할 때와 행동할 때를 안다
나는 기다려야 할 때에는 여유와 인내심을 가지고 차분히 기다린다

나는 내 인생의 가장 중요한 승부처라고 판단될 때에는
절대 한눈을 팔지 않는다
나는 내 전부를 던져 승리를 쟁취한다

나는 모든 상황을 한 발 물러서서 바라본다
나는 조금 더 큰 시각으로 바라보고 폭넓게 사고한다

내가 바꿀 수 없는 일을 내가 걱정한다고 해결되지는 않는다
나는 내 영향력 안에 있는 일들에 더 관심을 가진다

나는 나의 행동과 계획들을 지속적으로 수정한다

나는 부정적인 패턴에서 벗어나 올바른 방향으로 나아간다

나는 늘 내게 어떤 기회가 다가오는지 예민하게 관찰한다
나는 나를 향해 다가오는 어떤 기회도 절대 놓치지 않는다

나는 어떤 상황에서도 침착함을 유지한다
나는 다급한 상황에서도
마음의 평정을 유지하여 올바르게 선택한다

나는 불필요한 주변 상황에 눈을 돌리지 않는다
나는 항상 이루고자 하는 목표에만 집중한다

나는 나의 목표에 완전히 몰입한다
나는 몰입을 통해
내 안에 잠들어 있던 잠재력이라는 거인을 깨운다

나는 걱정과 고민거리를 잔뜩 끌어안고 억지로 일하지 않는다
나는 효율적으로 일할 수 있을 때까지 편히 휴식을 취한다

나는 항상 준비하는 자세를 유지한다
나는 내게 주어진 모든 시간들을 효율적으로 활용한다

나는 자투리 시간을 적절히 효과적으로 활용한다
나는 사소한 일들은 뒤로 미루지 않고 바로 처리해 버린다

나는 페이스를 조절할 줄 아는 지혜를 가졌다
나는 목표를 향해 천천히 한 걸음씩 적당한 속도로 걸어간다

나는 운동하는 것이 즐겁다
나는 매일 규칙적으로 운동하여 최상의 컨디션을 유지한다

나는 내가 할 수 없는 것에 관심을 두지 않는다
나는 이제부터 내가 할 수 있는 것을 선택하고 그것에 집중한다

나는 항상 최선을 다해 완벽하게 준비하다
오늘의 빈틈없는 준비는 내일의 승리를 보장할 것이다

나는 조용히 진득하게 내 꿈을 실현해 나간다
나는 내 목표와 계획들을
다른 사람들에게 성급하게 이야기하지 않는다

나는 혼자되는 것을 두려워하지 않는다
인간은 원래 혼자였다
탄생도 죽음도 모두 혼자 맞이한다

나는 내 선택에 간섭하는 사람들에게 신경 쓰지 않는다
그들이 나와 무슨 상관인가?
나는 내 길을 갈 뿐이다

나는 무엇이든 대충 하는 법이 없다
나는 모든 일에 정성을 다한다
내가 정성을 다한 일들은 모두 나에게 축복과 기회들을 가져다준다

나는 선택의 적기를 지킨다
나는 버리는 고통을 감내할 줄 안다
나는 선택의 적기에 버려야 할 것을 과감하게 버릴 수 있다

나는 언제나 평정심을 유지할 수 있다
나는 어떤 상황에서도
낙망하거나 포기하지 않고 희망의 돌파구를 찾아낸다

나는 나를 지킬 것이다
나는 나다움을 지킬 것이다
세상은 절대 나를 바꾸지 못한다
내가 세상을 바꿀 것이다

나는 모든 일에 프로다
나는 완전한 책임감을 가진다
나는 완전한 책임감을 가지고 나의 선택을 완성시켜 낼 것이다

나는 올바른 비판에 기죽거나 화내지 않는다
나는 나를 향한 정당한 비판을 성장을 위한 자양분으로 삼는다

미래에 대한
확신을 위한 초콜릿

인생의 지도는 이미 내 마음속에 있다
나는 항상 내면의 소리에 맞추어 지혜롭게 인생의 길을 개척한다

지금 이 순간 최고의 기회가 나에게 끌려오고 있다
나는 성실함으로 미래를 준비하여 매력적인 기회를 잡는다

내게 다가오는 모든 기회는 소중하다
나는 작은 기회를 활용하여 최고의 기회로 만들어 낸다,

나는 항상 목표에 적합한 계획을 세운다
나는 계획에 따라 체계적으로 목표를 향해 전진한다

나는 시대의 흐름을 읽어낸다
나는 정확하게 세상의 흐름을 분석한다
나는 미래를 성실히 준비하여 목표를 성취한다

나는 나의 선택을 믿는다
나는 올바르게 선택하였고
모든 선택을 가장 좋은 결과로 만들어 낼 것이다

두려워하지 말자
걱정하지 말자
시행착오는 과정일 뿐이다
내 계획은 완벽해져 가고 있다
나는 최후에 승리할 것이다

나는 어떤 선택이든 최선의 결과를 만들어 낼 수 있다
반드시 좋은 결과가 있을 것이다
나를 믿고 내 선택을 믿자

나의 목표들은
가장 좋은 때에 가장 좋은 방법으로 이루어질 것이다
나는 여유를 가지고 그때를 기다릴 것이다

나는 내 환경을 아낀다
나는 내 운명의 창조자이자 지배자이다
나는 사냥감이 아닌 꿈과 목표를 좇는 사냥꾼이다

나는 작은 이익에 집착하지 않는다
나는 장기적인 안목을 가지고 멀리 내다본다

나는 작은 것을 주고 큰 것을 취한다

나는 매일 내 미래를 위한 참된 양식을 쌓는다
내가 투자한 나의 노력은
반드시 미래의 나에게 승리를 안겨줄 것이다

모든 기회는 나를 높이 올려줄 소중한 계단이다
나는 내게 다가온 작은 기회들을
차근히 밟아 나가며 성장해 나간다

나는 가장 올바른 길로 인도되고 있다
나의 모든 실수와 잘못까지도
나를 좋은 길로 인도하기 위한 과정일 뿐이다

매일 한 계단씩 원하는 삶을 향해 나아간다
나는 필요한 지식들을 배우고
꿈을 이루기 위한 과정들을 밟아 간다

기회는 무한하다
나는 한두 번의 실패에 좌절하지 않는다
나는 수없이 많은 기회 중 최고의 기회들을 잡는다

오늘 내가 한 수고와 노력은 반드시 좋은 열매를 맺을 것이다
나는 반드시 행복한 삶을 살게 될 것이다

처음부터 모든 길을 다 알 필요는 없다
일단 길을 걸으면 반드시 더 좋은 지름길들이 보일 것이다

지연은 절대 거절이 아니다
너무 상심해하지 말자
나는 반드시 기대했던 것보다 더 큰 열매를 맺을 것이다

나이는 한계가 아니다
나이를 먹는다는 것을 새로운 재능을 성장시키는 것이다
나는 매일 새로운 재능을 성장시킨다

인생을 생각보다 길다
긴 호흡을 가지고 인생을 바라보자
당장의 고통을 면하기보다 미래를 보고 선택하자

지금 이 순간 내게 다가올 축복이 점점 더 커지고 있다
이제 곧 나를 위한 선물이 찾아올 것이다

영원한 어둠은 없다
나는 어떤 시련 속에서도 꿋꿋이 모든 어려움을 이겨내어
새로운 영광의 날을 맞이할 것이다

나는 모든 것을 내가 원하는 대로 조종하려 하지 않는다
나는 성공의 흐름을 타고 자연스럽게 원하는 것을 얻는다

나는 언제나 행복한 인생을 기대한다
나는 내게 다가올 행복과 수많은 기회를 기대한다

세상의 악한 사람들을 이기자
그들의 악함에 대처할 지혜를 가지자
나는 그들 때문에 내 인생을 포기하지 않는다

언젠가는 이 모든 시련이 끝날 것이다
머지않아 내가 편히 웃을 날이 올 것이다

나의 재능은 좋아하고 사랑하는 것이다
나는 내가 좋아하는 일에서 최고의 성취를 거둘 것이다

나는 침묵 속에서도 인내할 수 있다
나는 준비가 끝날 때까지 기다릴 수 있다
반드시, 분명히 나의 때가 올 것이다

나는 세상의 공격과 사람들의 견해에 지지 않는다
나는 나의 가능성과 잠재력을 믿는다
나는 내 미래를 믿는다

나는 항상 내게 일어난 일의 의미를 찾는다
내가 찾은 의미들은
내가 가야 할 길을 보여주고 내 인생을 풍성하게 한다

나의 길이 굽더라도 내 목표가 사라지는 것은 아니다
나는 계속해서 나의 목표를 향해 걸어갈 것이다

나는 정체기에 빠졌을 때 새로운 길을 찾는다
그 새로운 길은 나를 더 높은 단계로 인도할 것이다

나는 의심에 지지 않는다
나는 의심과 의문이 들 때마다
나를 격려하고 확신을 주기 위해 노력한다

나는 절대 내 인생을 낭비하지 않을 것이다
나는 내 인생에 최선을 다했노라고
당당히 말할 수 있는 자격을 가질 것이다

나는 꿈 앞에서만큼은 이기적인 사람이다
나는 어떤 비난에도 나의 꿈을 지켜내고 이뤄낼 것이다

인생은 정글짐이다
내 인생이 어떤 모양이 될지는 아무도 모른다
나는 인생을 쉽게 속단하거나 포기하지 않는다

보이는 것이 전부가 아니다
내가 보지 못하는 곳에서
나를 위한 또 다른 선물들이 준비되고 있다

인격을 위한 초콜릿

나는 항상 훌륭한 인격을 갖추기 위해 노력한다
오늘 갈고닦은 나의 인격은 언젠가 반드시 빛을 보게 될 것이다

나는 여유를 가지고 사람들을 대한다
나는 사람들을 편하게 해주는 능력을 가졌다
지금 이 순간 내 주변으로 좋은 사람들이 몰려들고 있다

나는 늘 상냥하고 친절한 태도로 사람들을 대한다
나는 상냥한 말로 사람들을 편하게 한다

나는 사소하고 작은 일에도 항상 감사한다
나는 내게 주어진 모든 축복과
내가 누리는 모든 것들에 늘 감사한다

내게 주어진 모든 환경과 상황들은 신의 선물이다
나는 삶의 모든 과정을 통해서
더 성숙하고 행복한 인생을 창조한다

나는 결단력 있는 사람이다
나는 내가 선택한 것 외의
모든 불필요한 것들은 과감히 제거해 버린다

자신감은 완벽한 준비에서 나온다
나는 모든 일에 철저히 준비하여 강한 자신감을 가진다

나는 열정적인 사람이다
나는 어떤 일이든 열정적으로 최선을 다한다
나는 언제나 최선의 결과를 만들어 낸다

나는 항상 내 습관에 주의를 기울인다
나는 나쁜 습관은 아무리 작은 것이라도 고쳐
나쁜 결과를 예방한다

나는 다른 사람의 부족한 점을 덮어주는 사람이다
나는 다른 사람들의 비밀을 지켜주는 사람이다

화를 내기 전에 한번 더 생각해 보자
올바른 때에 올바른 방법으로 화를 내도록 노력하자

나는 나에게 주어진 시간을 소중히 여긴다
나는 나에게 주어진 시간들을 가치 있는 일들로 가득 채운다
나는 모든 약속을 소중히 생각하는 사람이다

나는 최선을 다해 약속을 지키고 나에 대한 신뢰를 쌓아간다

나는 불필요한 과욕을 부리지 않는다
나는 순리에 따라 목표를 이룰 것이다

나는 항상 어떤 일을 하건 냉철하게 그 일의 가치를 평가한다
나는 가치가 없다고 판단되는 일은 미련 없이 포기한다

나는 매사에 침착하고 냉철하다
나는 사소한 일에 쉽게 흥분하지 않는다
나는 매 순간 긍정적인 믿음과 마음의 행복을 지킨다

나는 내 시간을 낭비하는 모든 것에서 탈출할 것이다
나는 내 인생을 좀먹는 모든 게으름과 쾌락에서 벗어날 것이다

나는 꼭 필요한 말만 한다
나는 불필요한 말은 절대 하지 않는다
나는 핵심적인 내용을 중심으로 간결하게 말한다
나는 말을 통해 사람들의 신뢰를 얻는다

나는 사람들을 존중하고 그들의 가능성을 인정한다
나는 사람들의 신뢰를 얻고
그들을 더 긍정적인 방향으로 변화시킨다
나는 듣기 좋은 달콤한 말에 현혹되지 않는다

나는 항상 신중히 사람을 판단한다

남이 나와 의견이 다른 것은 당연한 일이다
나는 여유를 가지고 대화를 통해 사람들과의 이견을 조율한다

나는 진실성 있는 사람이다
나는 옳다고 믿는 신념과 원칙, 말과 행동을 일치시켜
사람들에게 존경받는 사람이 된다

나는 절제력과 집중력을 가지고 있다
나는 불필요한 욕망을 절제할 줄 안다
나는 내 삶을 변화시킬 욕망에만 집중할 줄 안다

나는 현실을 왜곡하거나 과장하지 않는다
나는 있는 그대로의 현실을 직시하여 정확하고 지혜롭게 판단한다

나는 적당한 성공에 만족할 줄 안다
나는 조금 모자란 듯, 약간은 아쉬움이 들 때가
가장 최선을 결과임을 깨닫고 멈춘다

나는 나의 부족하고 모자란 점을 겸허히 인정한다
나는 나의 부족한 점마저도 사랑한다

나는 어떤 상황에서도 감정에 휩쓸리지 않는다

나는 언제나 냉철하고 정확하게 판단한다

중요한 것은 두 번 다시 같은 실수를 반복하지 않는 것이다
나는 같은 실수를 절대 반복하지 않는다

나는 내 생각만을 고집하지 않는다
나는 유연한 사고방식을 가진 사람이다
나는 지속적인 정보 탐색과 의견 수정을 통해 정답을 찾아낸다

나는 늘 겸손한 마음으로 내 인생을 준비한다
나는 내 인생을 소중히 여기며 항상 최선을 다한다

나는 열등감과 질투의 지옥에서 살지 않을 것이다
나는 내가 가야 할 길과 내 인생만 바라볼 것이다

나는 누구에게나 먼저 배려하고 양보한다
나의 배려와 양보는 나의 인격과 가치를 높이고
불필요한 갈등을 예방한다

나는 오만과 편견에서 벗어났다
나는 항상 유연한 태도로 사고한다
나는 바다처럼 넓고 깊게 사고한다

나는 내 행복을 걱정하지 않는다

나는 얼마든지 행복해질 수 있다
나는 다른 사람의 행복을 진심으로 축하해준다

나는 사람들을 시험하거나 가식적으로 대하지 않는다
나는 진지한 마음가짐으로 사람들을 대하고 그들의 마음을 얻는다

나는 사람으로서 지켜야 할 기본적인 사람됨의 도리를 다한다
나는 아무리 무례한 사람 앞에서도 상식적인 예의를 지킨다

시련을 극복하기 위한 초콜릿

나는 나를 믿는다
내 안에는 어떤 고난과 역경도 이겨낼 힘이 있다
나는 어떤 시련과 역경도 이겨낼 힘과 능력이 있다

투덜대고 불평하지 말자
나는 어떤 문제든 해결할 수 있다
나는 문제를 해결하는 일에 집중하여 최상의 해결책을 찾아낸다

나는 인내하는 사람이다
나는 어떤 고난에도 포기하지 않는다
나는 끝까지 인내하여 원하는 삶을 이루어 낼 것이다

모든 문제 속에는 반드시 나를 위한 하루 선물이 숨어 있다
나는 용기 있게 문제를 파헤쳐 나를 위한 교훈과 기회를 가진다

나는 언제나 고정관념에서 벗어나 유연하게 사고한다
나는 항상 창의적이고 효율적인 해결책을 찾아낸다

나에게 어떤 문제와 위기도 더 이상 위협이 되지 않는다
나는 모든 문제와 위기를 극복할 수 있다

기다림은 실패가 아니다
기다림을 배우는 것일 뿐이다
나는 모든 일에 여유를 가지고 차분히 때를 기다린다

지금 나는 작을지라도 내일의 나는 큰 사람이다
내 시작은 미약할지라도 내 나중은 심히 창대할 것이다

모든 변화의 열쇠는 나의 마음에 있다
나는 내면의 문제를 스스로 분석하여 해결한다

많은 사람들이 지금 내가 겪는 고난들을 이겨내었다
그들이 극복했다면 나 역시 반드시 극복할 수 있다

나는 깊고 넓은 마음을 가졌다
나는 어떤 말에도 쉽게 흔들리지 않고
내 마음을 지속적으로 향상시킨다

내 안에는 무한한 잠재력과 가능성이 잠들어 있다
나는 어떤 역경도 시련도 이겨낼 수 있다

나는 천천히 한 걸음씩, 긴 호흡으로 걸어간다

나는 천천히 걸어가도 올바른 시간에 목적지에 도달할 수 있다

여러 가지 문제를 동시에 해결할 수는 없다
나는 가장 영향력이 큰 문제를 먼저 해결하여
다른 문제를 쉽게 해결한다

모든 고통은 즐거움을 위해 존재한다
내가 겪는 모든 어려움과 고난은
미래의 행복과 즐거움을 위해 존재한다

나는 어떠한 고통도 이겨낼 수 있다
나는 지혜롭게 모든 고난과 역경을 헤쳐나갈 수 있다

나는 실패를 분석하여 나의 부족한 점을 보완한다
나는 실패 속에서 더욱 완전해진다

해결책이 없는 문제는 없다
나는 어떤 문제에 처하든 반드시 해결책을 찾아낸다

나는 이미 알고 있는 것을 최대한 활용한다
나는 나의 지식을 적극적으로 실천하고 문제에 적용한다

마음을 지키자
흔들리는 내 마음을 굳건히 지켜나가자

어떤 시련이 닥쳐도 내 마음과 내 믿음만은 반드시 지켜내자

나는 반대자들을 지혜롭게 활용한다
나는 그들의 지혜와 안목을 이용하여
더 체계적인 계획을 세워 목표를 성취한다

나는 어떤 문제 앞에서도 당황하지 않는다
나는 내가 할 수 있는 일부터 시작하여
단계적으로 문제를 해결해 나간다

그 무엇도 직선으로만 움직이지 않는다
나는 장애물에 흔들리지 않는다
나는 내 시선을 오직 목표에만 단단히 고정한다

성취의 과정에서 시행착오는 당연한 것이다
나는 넘어지고 일어서는 법을 배워서
어떤 어려움도 이겨낼 강한 사람이 될 것이다

고통이 커질수록 시험의 끝이 얼마 남지 않았다는 증거이다
나는 신이 내게 내린 이 자격시험을 반드시 통과하겠다

현재의 상황이나 결과가 내 미래를 결정짓지 않는다
나는 일희일비하지 않고 견고하게 내 인생을 만들어 갈 것이다

나는 잠깐의 실패에 움츠러들지 않는다
실패가 아니라 분기점일 뿐이다
내 인생의 새로운 문이 열려 있다

나는 인생의 역경과 시련을 과대평가하지 않는다
내게는 어떤 고통도 이겨낼 힘이 있다

나는 나를 위협하는 시련들과 싸우겠다
나는 내 인생의 문제들, 위기들과 싸워 극복해 낼 것이다

나는 꽃이다
혹한의 추위를 이겨낸 고결하고 아름다운 꽃이다
인생의 시련과 역경을 모두 이겨낸 꽃이다

내 슬픔과 외로움을 모두 이해받으려 하지 말자
누구도 자신의 모든 것을 이해받지는 못한다

나는 나의 의지를 포기하지 않는다
나는 살고자 하는 의지, 꿈을 성취하고자 하는 의지를
절대로, 절대로 포기하지 않는다

나는 모든 문제를 해결할 수 있다
현재의 어려움을 나는 곧 극복할 수 있다
그저 조금 더 시간이 필요할 뿐이다

도망가지 말자
도망가지 말자
도망가지 말자
도망가지 말자
절대로 도망가지 말자

나는 가장 깊은 절망 속에서도 생각의 끈을 놓치지 않는다
나는 고민 속에서 새롭고 창의적인 해결책을 찾아낸다

겨울도 인생의 한 부분이다
나는 겨울이 찾아왔을 때
내 인생의 한 부분으로 자연스럽게 받아들인다
나를 위해 준비된 무대에서 눈부시게 빛날
나의 날이 올 것이다

겨울이 지나가면 나의 봄,
나의 전성기가 찾아올 것이다

용기를 위한 초콜릿

두려움은 나의 영역 안에 있다
나는 모든 두려움을 지배한다
나는 모든 두려움을 이겨낼 힘을 가지고 있다

나는 어디에 있든 늘 자신감이 넘친다
나는 누구를 만나든 항상 당당한 태도를 유지한다

나는 행복해질 것이다
나는 성공할 것이다
나는 내 마음의 모든 소망들을 이룰 것이다
내 말은 반드시 현실이 될 것이다

나는 용기 있는 사람이다
나는 어떤 두려움 속에서도 절대 꿈을 포기하지 않는다
나는 반드시 내 꿈을 이루어 낼 것이다

나는 꿈을 현실로 만들어 내는 사람이다

나는 내가 목표로 한 모든 일들을
반드시 현실로 만들어 낼 것이다

나는 기회가 다가오면 단번에 낚아챈다
나는 9번의 실패를 경험하더라도
단 한 번의 성공으로 모든 것을 역전시킨다

삶은 내게 주어진 기회 중 가장 가치 있는 기회다
나는 삶이라는 기회를 행복의 순간으로 가득 채운다

내 마음은 용기로 가득 차 있다
나는 두려움과 맞서 싸워 두려움을 극복해 낼 것이다
나는 반드시 승리를 쟁취할 것이다

나는 결단력 있는 사람이다
나는 행동력 있는 사람이다
나는 목표를 성취하기 위해 적극적으로 행동하는 사람이다

나는 불필요한 참견들을 흘려보내 버린다
나는 누구에게도 흔들리지 않고 항상 나만의 페이스를 유지한다

두려움을 품고서라도 시도해보자
불안감에 떨리더라도 목표를 향해 손을 뻗어 보자
분명히 나를 위한 길이 열릴 것이다

단 한 번의 시도만으로 목표를 성취할 수 없다
실패해야 얻을 수 있는 것이 있다면 과감히 실패를 경험하자

다른 사람보다 조금 늦는다고 그들을 질투하지 말자
나는 지금 오래도록 성공하기 위한 반석을 다지는 중이다

나는 나의 벽을 뛰어넘을 것이다
나는 인내와 노력으로 모든 한계를 극복할 것이다
나는 한계를 넘어 원하는 삶을 성취할 것이다

나는 어떤 고난이든 즐겁게 받아들인다
내가 극복한 모든 고난과 시련들은 나를 더 강하게 만든다

어느 누구도 노력하지 않고 열매를 맺을 수 없다
나는 치열하게 도전하고 노력하여 가장 가치 있는 열매를 맺는다

할 수 있는 것이 남아 있는 한 절대 끝이 아니다
나는 가장 절망스러운 상황에서도
용기를 가지고 한 걸음 더 나아간다

하고 싶은 일이 있으면 그냥 한 번 시도해 보자
언제까지고 기다릴 수만은 없지 않은가?
무턱대고 한 번 해보는 거다

시련과 절망이 깊어질수록
승리의 순간은 점점 더 가까이 다가온다
마지막이라고 생각될 때 조금만 더 용기를 가지자

나는 흔들리지 않는 산처럼 묵묵하고 우직하게 걸어간다
그 어떤 일 앞에서도 초연한 마음으로 내 길을 걸어간다

나는 져야 할 짐이 무서워 절대 도망가지 않는다
나는 내가 책임져야 할 일은 끝까지 책임진다
나에게는 내 책임을 다 해낼 수 있는 능력이 있다

방아쇠를 당기기 전에 먼저 신중해지자
결단을 내리기 전에 냉정하게 현실을 직시할 시간을 가지자

결과를 알 수 없기에 인생은 즐거운 것이다
나는 막연함을 두려워하지 않는다
나는 인생의 막연함을 즐긴다

꿈은 곧 나 자신이다
나는 내 꿈으로부터 절대 도망갈 수 없다
나는 이제 내 꿈을 정면으로 바라볼 것이다

두려움 앞에서 20초만 용기를 내자
한순간만이라도 용기를 내자

20초의 용기가 어쩌면 내 인생을 바꿀지도 모른다

나는 자존심이 강하다
하지만 필요할 때는 언제든지 버릴 수 있다
나는 잠깐의 낮아짐에 상처받지 않는다

나는 나를 두렵게 하는 문제들과 끝까지 싸울 것이다
나는 두려워도 멈추지 않을 것이다
나는 나의 두려움들을 극복할 것이다

내 인생의 끝은 해피엔딩이다
나는 내가 원하는 엔딩을 보게 될 것이다
끝날 때까지는 아직 끝난 것이 아니다

나는 내 삶을 지켜낼 것이다
나는 내 삶의 어둠을 이겨낼 것이다
내 삶의 빛이 어둠을 이기게 될 것이다

나는 내 인생에 미안한 일은 하지 않는다
나는 정말 원하는 것이라면
아무리 어려운 일이라도 한 번은 기회를 줄 것이다

나는 내게 걸린 강력한 꿈의 저주를 풀어낼 것이다
잊혀지지 않는 꿈에 괴로워하느니

차라리 꿈을 이루어 버릴 것이다

나는 완벽한 계획에 집착하지 않는다
나는 예상치 못한 어려움에 직면했을 때에도
단단한 마음으로 극복해 낸다

나는 세상 앞에서 나약한 모습을 보이지 않는다
나는 어떤 상황에서도 나의 당당한 모습을 지켜낼 것이다

나는 결정적 순간에 결단을 내릴 용기를 가지고 있다
나는 용기를 내야 할 때 용기를 낼 수 있을 만큼 강하고 담대하다

나는 모든 것을 버리고 다시 시작할 용기가 있다
나는 다시 시작해야 할 때 다시 시작할 수 있다

사랑을 위한 초콜릿

나는 풍성한 삶을 누릴 것이다
나는 받는 자가 아닌 주는 자가 될 것이다
나는 풍성히 나누고 베푸는 자가 될 것이다

나는 지금 내가 하고 있는 일을 사랑한다
나는 현재에 만족하며 행복하다
지금의 행복은 더 큰 행복을 불러올 것이다

내가 먼저 다른 사람의 입장을 이해하려고 노력한다
그들을 더 배려해주고 그들을 이해해 준다

나는 사람들의 필요를 포착할 줄 안다
나는 사람들의 필요를 채우기 위한 번뜩이는 아이디어를 생산한다

나는 나의 일을 사랑한다
나는 모든 일에 헌신하는 마음으로 일한다
나는 주어진 일을 사랑하는 마음으로 성실히 일한다

나는 사람들의 장점을 찾기 위해 노력한다
나는 사람들을 칭찬하고 그들의 자존감을 높이고 용기를 준다

나는 사랑하는 사람에게 먼저 마음의 문을 열고 다가간다
나는 늘 사람들에게 먼저 친절을 베풀고 그들에게 다가간다

냐는 항상 다른 사람에 대한 긍정적인 기대감을 가진다
나는 그들을 믿어주고 지지해 준다

나는 사소한 일에 연연해하지 않는다
나는 조금 손해 보고 양보하여 항상 좋은 인간관계를 유지한다

나는 사람들의 가치를 인정해 준다
나는 그들이 세상에 필요한 사람임을 알려준다

나는 심판관이 아니다
나는 사람들 사이의 사소한 시비에 불필요한 참견을 하지 않는다

나는 충분히 많은 것을 가졌다
나는 내가 가진 것에 집중한다
나는 이미 행복을 위한 조건들을 갖추었다

이제 나는 불필요한 기억은 모두 지워버렸다
내 마음속에는 오직 기쁘고 행복한 기억들로 가득하다

나는 마음에 드는 사람을 만나면 망설이지 않는다
나는 좋은 사람을 놓치지 않는다

나를 지지하고 격려해 주는 사람들이 나타날 것이다
지금 이 순간 내게 힘을 주고 용기를 주는 사람들이 다가오고 있다

나는 사랑하는 사람들 곁에서 함께 웃어주고 울어준다
나는 어떤 어려움 속에서도 늘 그들과 동행한다

나는 나를 위하여 모든 원한과 증오를 포기한다
나는 모든 것을 용서한다
그리고 나는 나를 위한 새 삶을 시작할 것이다

나는 늘 관대한 마음을 가지고 사람들을 대한다
나는 항상 주위 사람들을 이해하고 그들의 부족함을 용납한다

나를 아프게 하는 모든 기억들이 지금 이 순간 잊혀지고 있다
잊고 싶었던 나의 과거들도 지금 이 순간 잊혀져 가고 있다

사람과 사람 사이에는 적당한 간격이 필요하다
나는 좋은 인간관계를 유지하기 위해
항상 일정한 거리를 유지한다

나는 먼저 상대방의 생각과 그들의 입장을 이해하려고 노력한다

나는 상대방에 대한 이해를 바탕으로 대화를 이끌어 나간다

나는 도움을 줄 수 있는 사람들과 적극적으로 협력한다
나는 다른 사람들과의 협력으로 높은 수준의 목표들을 성취한다

나는 부담이 없을 만큼의 호의로 최대의 효과를 거둔다
나는 작고 사소한 호의를 베풀어 기대 이상의 도움을 얻는다

나는 아무도 미워하거나 원망하지 않을 것이다
미움과 분노는 감정의 낭비고 사치다
나는 내 모든 마음을 내 인생에만 쏟을 것이다

모든 것은 내 마음에 달려 있다
나는 이제 나를 자유롭게 할 것이다
나는 모든 마음의 장애에서 벗어날 것이다

나는 내게 친절한 사람들을 소중히 여긴다
나는 내가 받은 친절과 은혜에 반드시 보답한다

나를 존중해 주는 사람이 나를 진정으로 사랑하는 사람이다
나는 나를 사랑해주는 사람을 존중한다

단 하나의 인연을 위해 수많은 우연들이 존재해야 한다
나는 내게 다가온 모든 인연들을 소중히 여긴다

나는 항상 훌륭한 인격의 사람들과 함께한다
나는 인간관계에서만큼은 절대 모험하지 않는다

배려 없는 솔직함은 적을 만들 뿐이다
나는 솔직하다
하지만 나의 솔직함 속에는 배려와 친절이 있다

나는 무엇보다 사람을 가장 소중하게 생각한다
모든 축복과 기회는 사람으로부터 온다

나는 인간관계에서 억지를 쓰지 않는다
나는 모든 관계를 인연의 흐름에 맡긴다
내 인연의 흐름은 나쁜 사람은 떠나가게 해도
좋은 사람들을 불러 모은다

나는 분노와 미움에 내 마음을 빼앗기지 않는다
나는 언제나 웃을 수 있는 마음의 공간을 여유 있게 비워둔다

꿈을 향한 열정 기록

20 . .

20 . .

20 . .

20 . .

20 . .

20 . .

20 . .

20 . .

20 . .

삶에 지친 나에게
내가 해주고 싶은 말

개정판 1쇄 발행 | 2020년 1월 25일
개정판 1쇄 인쇄 | 2020년 1월 31일

지은이 | 서동식
펴낸곳 | 함께북스
펴낸이 | 조완욱

등록번호 | 제1-1115호
주소 | 412-230 경기도 고양시 덕양구 행주내동 735-9
전화 | 031-979-6566~7
팩스 | 031-979-6568
이메일 | harmkke@hanmail.net

ISBN 978-89-7504-741-1 04320

이 도서의 국립중앙도서관 출판예정도서목록(CIP)은 서지정보유통지원시스템 홈페이지
(http://seoji.nl.go.kr)와 국가자료공동목록시스템(http://www.nl.go.kr/kolisnet)에서 이용하
실 수 있습니다.(CIP제어번호: CIP2020001945)